教科書ガイド

教育出版版 ^{完全準拠}

中学｜社会

歴史

新興出版社

この本の特徴

教科書単元の見出しと，教科書のページです。

教科書の小見出しに対応して，内容をまとめています。

教科書中の「Q」について，解答例を掲載しています。

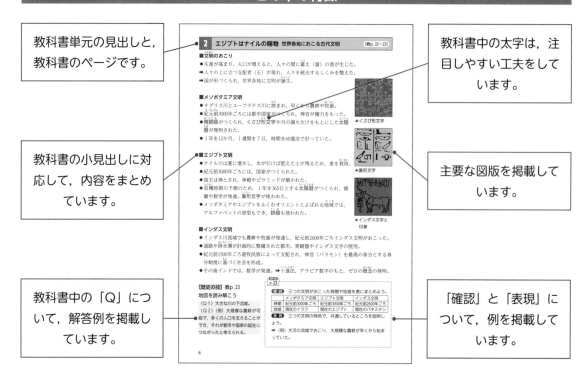

教科書中の太字は，注目しやすい工夫をしています。

主要な図版を掲載しています。

「確認」と「表現」について，例を掲載しています。

もくじ

写真提供：網走市立郷土博物館　株式会社悠工房　名古屋市博物館　南アルプス市教育委員会（文化財課）　ユニフォトプレスインターナショナル

第1章　歴史のとらえ方・調べ方

1　歴史の流れをとらえよう （教p.2～6）

歴史すごろくにチャレンジしよう

〔1〕省略

〔2〕

- 11のマス…B（織田信長）
- 17のマス…D（福沢諭吉）
- 8のマス…E（銀閣）
- 22のマス…H（太陽の塔）

〔3〕古代・中世といった大きな時代区分によって分けられている。

〔4〕～〔6〕省略

2　身近な地域の歴史を調べよう （教p.10～16）

❶テーマを決めよう　地域にはどんな歴史があるかな

- 身近な地域にどのような歴史があるのか探ってみよう。

> ### 地域調査の手引き1
>
> **【調査全体の見通しを立てよう】**
>
> ①テーマを決める
>
> …班で意見を出し合う。
>
> ②情報を集める
>
> …学校内で情報を集める（教科書，図書館，インターネットなど）。
>
> ③調査の課題を決める
>
> …情報を集めて，発見したことや疑問点などを話し合い，調査の課題を決める。
>
> ④地域調査を実施する
>
> …調査計画書を作って予定や調べることを明確にし，見学やインタビューをする。
>
> ⑤整理して考察する
>
> …記録や資料を整理して，そこから言えることを，班で話し合う。
>
> ⑥結果をまとめる
>
> …調査の結果を文章，地図やグラフ，表やイラストなどにして，レポートを作る。
>
> ⑦発表して振り返る
>
> …発表会で調べたことを発表する。ほかの班と意見交換をして，調査を振り返る。

❷情報を集めよう　どうやって調べたらよいかな

- テーマが決まったら，まずは学校内でテーマについて調べる。
- …学校図書館で地域(ちいき)の歴史やテーマに関する本を探(さが)し，コンピュータ室でインターネットを活用して検索(けんさく)したりする。
- テーマを決めたときの単純(たんじゅん)な疑問(ぎもん)を調べていくと，「なぜ？」と新しい問いが生まれる。
- ➡情報を集めて，問いを深めていくと，地域調査の課題が明らかになる。

地域調査の手引き②

【学校図書館を活用しよう】

◆調査に役立つ図書
- 百科事典，歴史事典，人名事典，地名辞典。

◆図書の分類
- 日本十進分類法（NDC）によって，本は区分される。
- …例えば歴史は「2」で始まる番号で，さらに分野や対象ごとに細かく分類。
- 分類にしたがってふられた番号は，本の背などに貼られ，図書館(ならん)に並んでいる。

0 総記	0 歴史学	0 通史など
1 哲学(てつがく)	1 日本史	1 北海道地方
2 歴史	2 アジア史, 東洋史	2 東北地方
3 社会科学	3 ヨーロッパ史, 西洋史	3 関東地方
4 自然科学	4 アフリカ史	4 北陸地方
5 技術	5 北アメリカ史	5 中部地方
6 産業	6 南アメリカ史	6 近畿地方
7 芸術	7 オセアニア史,両極地方史	7 中国地方
8 言語	8 伝記	8 四国地方
9 文学	9 地理, 地誌, 紀行	9 九州地方

地域調査の手引き③

【インターネットを活用しよう】

◆インターネットの検索(けんさく)
- 検索キーワードを入力すると，多くの情報を得ることができる。
- …地方公共団体や博物館などのウェブサイトは，地域の歴史を調べるのに役立つ。一方，個人が作成したウェブサイトにもたくさんの情報があるが，個人的な意見が書かれていることもあり注意する。

◆利用するときの注意点
①情報が誤(あやま)っていたり，古かったりしないか確認(かくにん)し，事実と個人の意見を区別して，情報を正しく選択(せんたく)する。
②ウェブサイトにも著作権(ちょさくけん)がある。勝手に丸写しするなどしないように。

---

❸具体的な調査の課題を決めよう　集めた情報からどんな課題が見つかるかな

- 調べたいテーマについての情報を集めたら，その情報を班(はん)で共有。
- ➡具体的な調査の課題を決める。
- …ふせんに書き出し，それぞれの意見を見られるようにして，情報を確認・分類。
- 情報を整理していくことで，テーマについて具体的な課題を決めることができる。
- 課題を設定したら，そのことについていくつかの仮説(かせつ)（予想）を立て，仮説を立てたら，フィールドワーク（野外調査）を開始。

┌───┐
│ 地域調査の手引き④   │
│ 【意見を共有して，アイデアをまとめよう】   │
│ ◆意見を出し合って共有する   │
│ ・班としてのアイデアをまとめる。   │
│ …ブレインストーミングが有効   │
│   1．批判(ひはん)をしない   │
│   2．自由奔放(ほんぽう)に意見を出す   │
│   3．意見は，質よりも量を重視(じゅうし)する   │
│   4．アイデアを発展させる   │
│   │
│ ◆意見を整理して，アイデアをまとめる   │
│   ブレインストーミングで出し合った意見を整理して，班のアイデアをまとめる。出 │
│ された意見を一つずつふせんなどに書き出し，共通点があるものどうしでまとめたり， │
│ まとまりどうしの関係を矢印で結んでみる。こうすることで，さまざまな見方・考え │
│ 方で整理できる。   │
└───┘

❹野外調査・聞き取り調査を進めよう　課題についてどんなことがわかるかな

●調査計画書を作り，計画に沿(そ)って調査を進める。

➡野外調査では，町並(まちな)みや建物，公園の像や石碑(せきひ)などを観察。博物館や資料館では，一次資料（実物の資料）や，歴史資料に基づいて復元された模型(もけい)などから当時のようすを想像できる。

●博物館の学芸員のかたなどに話を聞いて，聞き取り調査も行う。

➡新しい発見やさまざまな情報を得ることができる。

●聞き取り調査を行うときには，事前に連絡(れんらく)して許可を取り，あらかじめ質問事項を用意して，メモ・筆記用具など記録の準備をしておく。カメラの撮影(さつえい)も，事前に許可を取る。

┌────────────────────┐
│ 地域調査の手引き⑤   │
│ 【調査計画書を作ろう】│
│ ◆調査テーマ   │
│ ◆調査で確かめたいこと│
│ ◆調査方法   │
└────────────────────┘

❺整理して考察しよう　調べたことから何がわかったかな

●メモや写真などの記録や集めた資料を整理し，課題についていえることを考察する。

…調べてわかった事実に基づき，班で立てた仮説を検証する。

●今回の調査ではわからなかったことや，調べる中で生まれた疑問も記録しておく。

❻調査の結果をまとめよう　どのように表現したら相手により伝わるかな

●調べたこと・発見したことを，みんなにも伝わるようにまとめる。

…まとめる方法には，レポート（報告書）や歴史新聞，漫画などがある。

●レポートを作る場合には，年表やグラフ，地図や写真なども入れるとより伝わりやすい。

地域調査の手引き⑥

【レポートをまとめよう】

①序論（テーマと仮説）

・何を課題に設定したのか，なぜその課題を選んだのかを書く。

・調査をする際に，どのような仮説を立てたかを書く。

②本論（わかったこと）

・調査を行った場所や，調査の方法を書く。

・調査でわかったことを項目に分けて書く。写真やイラスト，年表，地図，グラフなども入れる。

③結論（考えたこと）

・課題についてわかったことや，考えたことを書く。

・わからなかったことや，調べたことで生まれた新たな課題，今後調べたいことも書く。

④参考資料

・調査に使用した図書やウェブサイトなどの資料，調査を行った訪問先などを書く。

---

❼発表して，学習を振り返ろう　おたがいの発表から何を学び合えるかな

●発表会を開いて，各班が調べたことを発表し合う。

…ポスターやプレゼンテーションソフトなどにまとめる工夫も考えられる。発表するときには，大きな声でゆっくりと，聞く人を見ながら話す。

●発表を聞くときには，質問や疑問をメモにとる。発表が終わったら，意見交換をする。

…ほかの人・班の意見を聞くことで，学習を深めることができる。

●ほかの班の調査について，自分たちとの共通点や相違点を意識して聞くことが大切。

●意見交換の後，調査全体を振り返る。

…課題について，何をどれくらい調べることができたか，調査が不足していたところはどのような点で，それはどのように改善できるかを考える。

1節　人類の出現と文明のおこり

原始・古代の暮らしと社会　　　　　　　　　　（教p.18〜19）

（Q１）縄文時代の人々…人々の暮らしの様子　古墳時代の人々…古墳をつくっている様子

（Q２）（例）色が違い，古墳時代のほうは装飾が細かくなっている。さらに像は，古墳時代のものは剣とよろいを身に着けている。

（Q３）（例）力の強いものが多くの人々を支配する社会になったことが予想される。

1　グレートジャーニー　人類の誕生と広がり　　　　（教p.20〜21）

■人類の生い立ち

● 猿人…約700万年前のアフリカで現れる。チンパンジーと共通の祖先から進化。直立二足歩行。道具を使い，石を打ち欠いて**打製石器**を作った。

● 氷河時代…約260万年前から寒冷な時期（氷期）と暖かな時期（間氷期）を繰り返す。

● 原人…約240万年前に現れ，火を使った。アフリカから世界中に広がり，言葉を使った。

■世界中に広がる新人

● 新人…約20万年前にアフリカに現れた。現在の人類の直接の祖先。精巧な打製石器を作り，大型動物を追いながら移住した。

● 氷期で海面が下がり，大陸と地続きになった日本列島にも到達した。

● 旧石器時代…打製石器を使い，狩りや採集をしていた時代。

■農耕と牧畜の始まり

● 氷期の終わり…約１万年前。大型動物が減り，小型動物が増えて，木の実が増えた。

➡犬の家畜化。弓矢の使用。

● 植物の栽培（農耕）や羊や牛の飼育（牧畜）の開始。

➡定住生活の開始。食料の計画的生産と備蓄。

● 食料を調理・保存するための土器，石を磨いた磨製石器を使うようになった。

…新石器時代

教科書 p.21

（確認）直立二足歩行によって，人類ができるようになったことを確かめよう。

➡道具を使う。道具をつくる。など

（表現）旧石器時代と新石器時代の暮らしを比べて，どのような共通点や違いがあるか説明しよう。

➡（例）旧石器時代は石器を用いて動物を狩ったり採集をしていたのに対し，新石器時代も同様に石器を用いて狩りや採集を行っていたが，使う石器が打製石器から磨製石器になったこと，農耕や牧畜，定住生活を始めたこと，土器をつくるようになったことなどの違いがある。

■文明のおこり

●生産が高まり，人口が増えると，人々の間に蓄え（富）の差が生じた。

➡人々の上に立つ支配者（王）が現れ，人々を統治するしくみを整えた。

➡国が形づくられ，世界各地に文明が誕生。

■メソポタミア文明

●チグリス川とユーフラテス川に挟まれ，早くから農耕や牧畜。

●紀元前3500年ごろには都市国家がつくられ，神官が権力をもった。

●青銅器がつくられ，くさび形文字や月の満ち欠けをもとにした太陰暦が発明された。

●1年を12か月，1週間を7日，時間を60進法で計っていた。

▲くさび形文字

■エジプト文明

●ナイル川は夏に増水し，水が引けば肥えた土が残るため，麦を栽培。

●紀元前3000年ごろには，国家がつくられた。

●国王は神とされ，神殿やピラミッドが築かれた。

●収穫時期の予測のため，1年を365日とする太陽暦がつくられ，測量や数学が発達。象形文字が使われた。

●メソポタミアやエジプトをふくむオリエントとよばれる地域では，アルファベットの原型もでき，鉄器も使われた。

▲象形文字

▲インダス文字と
　印章

■インダス文明

●インダス川流域でも農耕や牧畜が発達し，紀元前2600年ごろインダス文明がおこった。

●道路や排水溝が計画的に整備された都市。青銅器やインダス文字の使用。

●紀元前1500年ごろ遊牧民族によって支配され，神官（バラモン）を最高の身分とする身分制度に基づく社会を形成。

●その後インドでは，数学が発達。➡十進法，アラビア数字のもと，ゼロの概念の発明。

【歴史の技】教p.23

地図を読み解こう

〈Q1〉大きな川の下流域。

〈Q2〉（例）大規模な農耕が可能で，多くの人口を支えることができ，それが都市や国家の誕生につながったと考えられる。

教科書
p.23

（確認）　三つの文明がおこった時期や地域を表にまとめよう。

	メソポタミア文明	エジプト文明	インダス文明
時期	紀元前3500年ごろ	紀元前3000年ごろ	紀元前2600年ごろ
地域	現在のイラク	現在のエジプト	現在のパキスタン

（表現）　三つの文明の特色で，共通しているところを説明しよう。

➡（例）大河の流域でおこり，大規模な農耕が早くから始まっていた。

3 大帝国の出現と交流 中国文明の発生と発展

(教p.24〜25)

■中国文明

- 紀元前6000年ごろ，黄河流域で粟や稗，長江流域で稲を栽培開始。

- 紀元前1600年ごろ，黄河流域で青銅器文化の殷（商）がおこる。

…殷では，戦争や狩猟などの際に占いを行い，その時に亀の甲や牛の
　骨に刻んだ文字が，現在の漢字のもととなった甲骨文字。

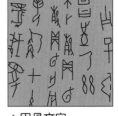
▲甲骨文字

教p.24資料3 〈Q〉③歯 ④米

■中国の戦乱と統一

- 殷の後，周がおこるが，紀元前8世紀におとろえ，国々が争う時代（春秋・戦国時代）。

…鉄器の普及で農業生産が向上。商業も盛んになり貨幣が作られた。

- 各地の王は，自国を富ませるために有能な人材を求め，孔子などの思想家を重用した。

…孔子は「仁」（思いやりの心）を大事にする政治を説いた。後に孔子の思想は儒教（儒
　学）となり，大きな影響をもつように。

- 紀元前3世紀，秦の始皇帝が初めて中国を統一した。

…秦は北方の異民族の侵入を防ぐための万里の長城を築いた。始皇帝は皇帝を頂点とする
　中央集権体制を実現し，文字や貨幣，長さ・容積・重さの基準（度量衡）を統一した。

- 秦の後，漢が中国を支配し，領土を広げて大帝国を築いた。

…周辺の国々に印などを与えて皇帝の臣下とした。紀元前2世紀には北東部から朝鮮半島
　にかけて楽浪郡をおいて支配した。

- 漢の支配は中央アジアまでおよび，交易路であるシルクロード（絹の道）を通じ，ロー
　マ帝国へ絹が運ばれ，西方からは馬やぶどう，インド発祥の仏教などがもたらされた。

- 漢では儒教が重んじられ，紙の発明や，歴史書の制作など，文化が発達した。

■朝鮮半島の国々

- 3世紀初めに漢がほろぶと，中国は魏・呉・蜀の三国に分立
　し，5世紀以降も南朝と北朝に分かれるなど分裂の時代に。

…中国北東部から朝鮮半島北部で高句麗が成長，4世紀初めに
　中国の郡をほろぼした。

- 朝鮮半島の南部には百済と新羅，南端では伽耶（加羅）諸国
　が分立。

▲5世紀ごろの東アジア

教科書 p.25

確認 中国の古代文明と三つの文明（教科書p.22〜23）の特色で，共通しているところを確
かめよう。

➡大きな川の流域でおこり，早い時期から農業がみられたところ。

表現 秦や漢は，それ以前と比べてどのようなところが違うか，説明しよう。

➡（例）広大な中国を統一するため，中央集権体制を強化するための施策が行われた。

9

4　すべての道はローマに通ず　ギリシャ・ローマの古代文明　　(教p.26〜27)

■ギリシャの文明

● オリエントの古代文明の影響で，ギリシャでは鉄器が使われ，貿易も活発。

➡ 紀元前8世紀ごろから，神殿と広場を中心とした**都市国家（ポリス）**が各地にできた。

● ポリスの政治は，市民が全員で民会を開いて行う直接民主政。

…ただし市民は，普段は農業に従事し，戦争時に兵士として戦う成年男子のみで，女性と奴隷は含まれなかった。

● 紀元前5世紀，オリエントを統一したペルシャがギリシャに侵攻したが，撃退。

…当時のギリシャでは，社会や人間像を考える哲学，演劇や彫刻，数学などが発展。

■ヘレニズム文化

● 紀元前4世紀，ギリシャはマケドニアに征服された。マケドニアのアレクサンドロス大王は，インダス川にまで達する広大な帝国を築いた。

➡ ギリシャの民主政は終わったが，その文化が各地の文化と融合し，**ヘレニズム文化**となった。ヘレニズム文化は中国を通じて，日本にも伝わった。

■ローマ帝国

● 紀元前6世紀には，都市国家ローマで，貴族による共和政が開始。

➡ 平民は貴族の政治の独占に不満。貴族と平民の対立。

● ローマは領土を拡張していった。

…紀元前2世紀半ば，マケドニアとギリシャを征服。紀元前30年ごろ，地中海を囲む地域を統一。

➡ その後，ローマは皇帝を頂点とする帝国（帝政）となる。

● ローマは，ギリシャ文化を継承・重視し，広大な領土の支配に利用。

● 首都ローマと各地を結ぶ道路や水道を整備。浴場や闘技場も建設。さまざまな民族を束ねるための法律をつくり，長さ・容積・重さの基準を統一。

教科書 p.27

(確認) 古代のギリシャとローマでは，それぞれどのような政治が行われていたか確かめよう。

➡ ギリシャ…直接民主政　ローマ…共和政から帝政へ

(表現) ギリシャ・ローマの文明の特色で，四つの文明（教科書p.22〜25）と共通することや違いについて説明しよう。

➡ （例）四つの文明のうち，特に中国文明と共通するのは，大帝国を築いたとき，長さ・容積・重さの基準を統一したこと。違いは，ギリシャの直接民主政や，ローマの共和政などの現代にも通じるような政治制度が，他の文明にはみられなかったこと。

■文明と宗教

●人間は昔から，人間の力がおよばないものに対し，儀式を行い風習を生み出した。

➡神への信仰が生まれ，文明の発展や交易の広がりで多くの人々に信仰されるように。

…仏教・キリスト教・イスラム教は，地域や民族，時代をこえて広まった。

■仏教

●紀元前6世紀ごろ，インドでシャカ（ガウタマ＝シッダールタ）が，バラモンを頂点とする身分制度を批判して仏教を開いた。

…「人は平等。修行してさとりを開けば，この世の苦しみから救われる」と説いた。

●仏教は，インドから東南アジアや中国，朝鮮，日本に伝わった。

●インドではその後，バラモンの教えや民間信仰をもとにしたヒンドゥー教が広まった。

■キリスト教

●紀元前6世紀ごろ，パレスチナ地方でユダヤ人が，唯一神ヤハウェを信仰するユダヤ教をおこした。

●紀元前後，ローマ帝国に支配されていたパレスチナで生まれたイエスは，ユダヤ教の指導者を批判し，「神の前では人は平等，すべての人に神の愛はおよぶ」と説いた。

➡イエスの死後，弟子たちがキリスト教をおこし，『新約聖書』をつくり布教した。

●初めローマ帝国は，キリスト教を迫害したが，4世紀末に国教として認めた。

➡その後，ヨーロッパで広く信仰されるようになった。

■イスラム教

●7世紀初め，アラビア半島のメッカで，ムハンマドが唯一神アッラーのお告げを聞いたとしてイスラム教をおこした。

●ムハンマドは，一神教のユダヤ教やキリスト教の影響を受け，「絶対的な神への服従や，信者の相互の助け合いが大切」と説いた。

●ムハンマドが神から預かった言葉は聖典の『コーラン』にまとめられた。

●ムハンマドと弟子は，イスラム教を広めながらアラビア半島を統一した。

教科書 p.29

表現 宗教のおこりと広がりについて，文明との関係に注目して説明しよう。

➡ （例）仏教はインドでおこり，漢の時代に栄えたシルクロードを通じて，中国や日本に伝わった。キリスト教は，ローマ帝国の国教となることで，広大な領土内に広がり，ヨーロッパで広く信仰されるようになった。イスラム教は，アラビア半島で広く信仰され，その後世界に広まった。

1節をとらえる 人類が文明を形づくっていった歴史の中で，特に重要だと考えるできごとや言葉を，下の「キーワードの例」も参考にして，教科書p.20〜29から一つ選ぼう。また，その理由を説明しよう。

➡ （例）文字…過去のことが記録され，現代でも過去のことを知ることができるから。

2節　日本の成り立ちと倭の王権

6 日本列島のあけぼの 旧石器時代から縄文時代へ (教p.30〜31)

■旧石器時代の暮らし

●日本列島に移り住んだ人々は，小屋や洞窟に住み，大型動物や木の実などの食料を求めて移動する暮らしをしていた。

…槍の先，ナイフ，木や骨を加工する道具など，使いみちに応じた打製石器を作った。

■縄文時代の始まり

●1万数千年前，土器をつくり，煮炊きや保存に使うようになった。

…厚手で縄目の文様があるので，**縄文土器**とよばれる。

●約1万年前に氷期が終わった。

➡日本列島の形や気候はほぼ現在と同じに。

…世界で新石器時代が始まるころには，磨製石器など新たな道具を用いる文化が発達した。

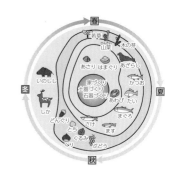

▲人々の食べ物

●大型動物は減り，シカやイノシシなどを狩るために，弓矢や犬を使うようになった。

●海や川では丸木舟にのり，動物の骨や角で作った釣り針で魚をとり，海岸では貝をとった。木の実も食料にした。食べた後のごみは貝塚に捨てた。

…縄文土器を使い，主に狩りや漁，採集で暮らす文化を縄文文化，時代を**縄文時代**という。

■竪穴住居のムラ

●気候が温暖になり食料が安定して得られるようになると，人々は移動生活をやめ，ムラ（集落）をつくって暮らすように。住まいは，地面を掘って柱を立てた**竪穴住居**。

●ムラには指導者はいたが，人々の間に貧富の差はあまりなかった。

●石器の材料の黒曜石を，遠くの人と交易していた。

●人々は自然をおそれながらも，その恵みに感謝し，土偶を作って願いをかなえるため祭りやまじないを行った。

…当時作られた土偶は女性をかたどったものが多く，豊かな実りを願ったと考えられる。

教科書 p.31

（確認）土器は，どのようなことに使われたのか確かめよう。

➡食料の煮炊きや保存に使われた。

（表現）縄文時代の人々は，なぜムラをつくって暮らすようになったのか説明しよう。

➡（例）気候が温暖になって大型動物が減り，小型の動物を弓矢や犬を使って狩りをしたり，豊富にできるようになった木の実を採集したりする生活になったから。

7 楽浪の海中に倭人あり　稲作とクニの始まり

■稲作の伝来

- 紀元前8世紀ごろから，朝鮮半島から九州北部に渡った人々が，**稲作**，農具，新たなつくりの土器を伝え，その後青銅器や鉄器をもたらした。

■弥生時代の暮らし

- 紀元前6世紀，新たな文化は西日本一帯に広まり，その後東北地方まで伝わった。
- 水田は木の農具で耕し，稲の穂は石包丁で摘んで収穫➡高床倉庫や穴蔵に蓄えた。
- 稲作のほかに，粟や豆の畑作や，縄文時代以来の狩りや漁，採集も行われた。
- 新しい土器…文様が少なく，貯蔵・調理・食器として便利。**弥生土器**とよばれる。
- 青銅器は，銅鐸・銅鏡・銅剣などの祭りの道具。鉄器は，武器や斧などの工具。
- …稲作が広まり，弥生土器や**金属器**を使い始めた時代を**弥生時代**，文化を弥生文化という。
- ➡弥生時代は紀元3世紀まで続くが，北海道や沖縄ではまだ稲作が行われていなかった。

教p.32資料4〈Q〉 米などの穀物を臼と杵を使ってついているところ。

■ムラからクニ（小国）へ

- 稲作で食料の生産が増加し，人口も増加。
- 人々が蓄え（富）をもつと，貧富の差とともに身分の区別が生まれた。
- ムラどうしで，土地や水の利用をめぐる争いが起こる。
- ➡力の強いムラが周辺のムラを従えて，やがてクニ（小国）というまとまりに。
- 中国の漢の歴史書『漢書』…紀元前後，倭には100余りの国々があったと記される。
- 『後漢書』…1世紀の中ごろ，九州北部の支配者の一人が中国に使者を送り，皇帝から印を与えられたとある。

■女王の国

- 中国の三国時代の歴史書『魏志』の倭人伝…3世紀の中ごろ，**邪馬台国の卑弥呼**という女性が魏に使者を送り，「親魏倭王」の称号と金印や銅鏡などを与えられたとある。
- 卑弥呼は，国々の争いをしずめるために，各地の支配者に推されて女王となり，まじないなどの力も用いて，30ほどの国々を従えていたと記されている。

教科書 p.33

（確認）大陸から日本に伝わったものを確かめよう。

➡稲作，農具，新たなつくりの土器，青銅器や鉄器。

（表現）大陸から伝わった文化は，日本の社会にどのような変化をもたらしたか説明しよう。

➡（例）稲作や新たな技術の普及によって人口が増え，身分の区別が生まれた。さらに，ムラ同士の戦いが生じ，強いムラが他のムラを従えて，クニが生まれた。

■古墳の出現

● 3世紀後半，近畿から瀬戸内海沿岸に，**古墳**が造られた。古墳は，各地の**豪族**の墓。

…前方後円墳など決まった形をもち，その上に埴輪とよばれる焼き物を並べ，内部の棺には，遺体とともに鏡や玉，武具などを納めた。

● 古墳が盛んに造られた6世紀ごろまでの時代を，**古墳時代**という。

● 大和（奈良県）には，特に大きな古墳があることから，早い時期に有力な勢力が生まれていたことがうかがえる。

教p.34資料3〈Q〉 土偶が必要とされたまじないが重要な狩猟採集中心の社会から，埴輪が示すような武力や権力が重要で支配者が大きな力をもつ社会へと変化したこと。

■大和政権の成立と豪族

● 近畿の豪族は，豪族の中から選ばれた**大王**を中心に連合し，**大和政権**をつくった。

● 大阪府にある大仙古墳（大山古墳，伝仁徳天皇陵）は，5世紀に造られた巨大な前方後円墳。

● 前方後円墳の分布や，古墳から出土した鉄剣や鉄刀から，5世紀後半までに大和政権は，九州の中部から関東にかけてのほとんどの豪族を従えたことがうかがえる。

● 豪族たちは，それぞれ氏という集団をつくり，中央の豪族は，代々，軍事や神を祭るなどの仕事を分担した。地方の豪族は，地域の支配を任されるかわりに，中央に貢物を納めた。

■朝鮮半島・中国との交流

● 4世紀ごろ，大和政権は，鉄や新しい技術を求めて朝鮮半島南端の伽耶（加羅）諸国と関係を深め，百済とも同盟を結んで高句麗や新羅と戦った。

● 5世紀，大和政権の大王は，中国の南朝に使いを送って，倭（日本）の王としての地位を高め，朝鮮半島の国々との関係を有利にしようとした。

■渡来人の伝えた文化

● 朝鮮半島から日本列島に移り住んだ**渡来人**。

…土木工事や金属加工，絹織物，須恵器とよばれる土器などの新しい技術を伝えた。

…漢字を使って政権の記録や外国への文書をつくるなど，政治の面でも活躍した。

● 6世紀，百済から儒教や仏教が伝えられ，日本人の思想や信仰の骨組みの一つとなった。

教科書 p.35

（表現） 地方の豪族は，なぜ大和政権（大王）との結びつきを強めていったのか説明しよう。

➡自分の領地の支配を認めてもらうため。

（2節をとらえる） 日本に国家が形づくられていった歴史の中で，特に重要だと考えるできごとや言葉を，下の「キーワードの例」も参考にして，教科書p.30〜35から一つ選ぼう。また，その理由を説明しよう。

➡（例）稲作…人々が集団で争う原因や身分の違いを生み出し，それがやがてムラやクニというまとまりにつながっていったから。

3節　大帝国の出現と律令国家の形成

9　広がる国際交流　7〜8世紀の世界 （教p.38〜39）

■隋と唐の中国統一

- 6世紀の末，中国で南朝と北朝が隋によって統一。
- …隋は，**律令**という法律を整え，役人を学科試験で選ぶ制度を始めた。
- ➡倭（日本）などの東アジアの国々は，隋に学ぼうとして，使節を送った。
- 7世紀前半，唐が隋を倒し，隋を上回る大帝国をつくった。
- …唐は，律令制を確立し，皇帝を頂点とする中央集権のしくみを整えた。戸籍に基づいて人々に土地を等しく与え，かわりに税や兵役を負担させた。
- 唐は，西方のイスラム世界と接するほど広大な地域を支配し，シルクロードを通じて東西の交流が盛んになった。
- ➡都の長安（現在の西安）は，ペルシャ・インド・中央アジアなどから使節や商人が訪れる国際都市となり，仏教や詩などの文化が栄えた。
- …倭（日本）や周辺の国々も，使節や留学生・僧を送り，進んだ政治制度や文化を取り入れて，国家のしくみを整えていった。

■新羅の朝鮮半島統一

- 6世紀後半，朝鮮半島で伽耶（加羅）がほろぶと，高句麗・百済・新羅の三国が争う。
- ➡三国は，隋や唐に朝貢したが，中国と接する高句麗は，隋や唐の侵攻をたびたび受けた。
- 7世紀後半，新羅が唐と結び，百済・高句麗をほろぼした。
- ➡百済や高句麗から多くの人々が日本列島に逃れてきた。
- 新羅は，唐の勢力を退けて朝鮮半島を統一すると，唐の制度を取り入れて中央集権のしくみを整え，仏教を盛んにした。
- 高句麗があった地域には，渤海がおこり，唐や新羅に対抗するため，日本と盛んに交流。

■イスラム世界の拡大

- 8世紀，中央アジアから北アフリカで，ムハンマドの後継者が，各地を征服してイスラム世界を形成。
- イスラム世界では商業が盛ん。陸路だけでなく海上の交通も発展。商人は，インドや中国にも訪れた。
- イスラム世界の首都として，東西を結ぶ貿易の要所にバグダッドが建設され，世界各地の産物が集まる国際都市として栄えた。

教科書 p.39

確認　教科書p.39資料5の世界地図で，イスラム世界と唐の範囲や，それぞれの都の位置を確かめよう。
➡（省略）

表現　8世紀ごろの唐と，東アジアや西方の国々との関係を図に表して説明しよう。
➡（唐が中心にありその周辺に日本や新羅，渤海がかかれ，唐と対立してイスラム世界があればよい）

■豪族たちの争い

● 6世紀，鉄製農具による農業の発展などを背景に，豪族たちの力が強まった。

…地方の豪族には，互いに争う者や，中央に反抗する者がいたため，大和政権はそれらをおさえ，地方に対する支配を強めた。

●中央では，渡来人と結び，中央の財政を握った蘇我氏が，反対勢力をおさえて大和政権の実権を握った。

■聖徳太子の政治と遣隋使

● 6世紀末，蘇我馬子は，対立する大王を暗殺し，姪の推古天皇を女帝として即位させた。

➡天皇の甥にあたる**聖徳太子**（厩戸皇子）が，摂政として天皇の政治を助けた。

…馬子らとともに，中国や朝鮮半島にならい，大王（天皇）を中心とする政治を始めた。

● 7世紀初め，朝廷では**冠位十二階**の制度が定められ，家柄に関係なく，能力や功績のある豪族を役人に採用する道が開かれた。

●聖徳太子は，仏教や儒教の教えを反映した**十七条の憲法**をつくり，豪族に対して争いをやめ，天皇を中心とする政治にはげむように，役人としての心構えを説いた。

●隋との国交を開き，中国から進んだ文化を取り入れようとして，小野妹子らを**遣隋使**として派遣。遣隋使には，多くの留学生や僧が同行し，政治制度や仏教などを伝えた。

■飛鳥文化

●朝鮮半島から伝わった仏教は，初めは渡来人や蘇我氏に信仰された。

➡蘇我馬子や聖徳太子が，飛鳥寺や四天王寺などの寺院を建て，新しい政治のよりどころとして仏教を重んじたため，皇族や中央の豪族にも信仰が広まった。

➡推古天皇のころ，朝廷のあった飛鳥（奈良県）を中心に，日本最初の仏教文化である**飛鳥文化**がおこった。

●聖徳太子が建てた**法隆寺**には，金堂・五重塔などの建築物をはじめ，釈迦三尊像などの仏像や，玉虫厨子などの工芸品など，多くの文化財が残されている。

…文化財は主に渡来人の子孫によって作られた。

●飛鳥文化には，朝鮮半島や南北朝時代の中国の文化が大きく影響しているほか，西アジア・ギリシャなどに由来する文化の影響も見られる。

【歴史の技】教p.41
系図を読み解こう

〈Q〉聖徳太子にとって，蘇我馬子は母方の祖母のきょうだいであり，妻の父親である。

教科書 p.41

確認 飛鳥文化には，どのような特色があるか確かめよう。

➡（例）日本最初の仏教文化であり，朝鮮半島や南北朝時代の中国の文化，さらに西アジア・ギリシャなどに由来する文化の影響が見られる。

表現 聖徳太子らが目ざした政治について，「天皇，仏教，進んだ文化」の用語を使って説明しよう。

➡（例）隋の政治制度を参考に，天皇を中心とした政治を目ざした。また，仏教の教えでもって豪族に和平を訴え，隋から進んだ文化を取り入れるため遣隋使を派遣した。

11 律令国家への歩み 大化の改新と大宝律令の制定 (教p.42〜43)

■大化の改新
- 7世紀の中ごろ，唐が高句麗を攻撃。➡東アジアの緊張が高まった。
- 朝廷では，中央集権を強め，他国に対抗する動きが強まった。
- …しかし，聖徳太子の死後は，蘇我氏が政治を独占。
- 645年，**中大兄皇子**と**中臣鎌足**（後の藤原鎌足）は，蘇我蝦夷と蘇我入鹿を倒し，中国から帰った留学生とも協力して，政治の改革を始めた。
- …この年に初めて「大化」という年号を定めたので，この改革を**大化の改新**という。
- ➡それまで皇族や豪族が支配していた土地と人民を，国家が直接支配し（**公地公民**），税の制度を整えることを目ざした。

■進む国づくり
- 朝鮮半島で，唐と新羅に百済がほろぼされる。
- ➡百済の復興を助けるため，中大兄皇子は軍を派遣するも，663年の白村江の戦いで敗北。
- ➡唐や新羅の攻撃に備えて，九州北部に山城や水城を築き，防人とよばれる兵士を配置。
- 中大兄皇子は大津宮（滋賀県）で天智天皇となり，初めて全国の戸籍を作成。
- 天智天皇の死後，皇位をめぐり，弟の大海人皇子と息子の大友皇子が争う（**壬申の乱**）。
- ➡大海人皇子が勝ち，即位して天武天皇になり，天皇の権威を高める改革を進めた。
- ➡天武天皇の死後は，皇后から即位した持統天皇に改革が引きつがれた。

■律令国家の成立
- 701（大宝元）年，唐の律令にならった**大宝律令**を制定。新しい国家のしくみが定まった。
- …律令に基づく政治（律令政治）を行う国家を**律令国家**という。
- 政治は，天皇を中心に，皇族や，大和政権以来の中央の豪族が進めた。
- …皇族や中央の豪族には，役職に応じた給与と，貴族という特権身分が与えられた。
- 中央の朝廷には，天皇のもとで政治方針を決める太政官や，政治のさまざまな実務を分担する八省などの役所がおかれた。
- 地方は国・郡に分けられ，それぞれ国司・郡司が治めた。
- …国司には中央の貴族が任命され，都から交替で派遣。郡司にはその地方の豪族が任命され，国司の監督のもとで民衆を支配。

教科書 p.43

（表現） 律令国家の成立により，中央と地方では，それぞれどのようなしくみで政治が進められるようになったか説明しよう。
➡中央では，天皇のもとで政治方針を決める太政官や，政治の実務を分担する八省などの役所がおかれた。地方は国・郡に分けられ，それぞれ国司・郡司が治めた。

（3節をとらえる） 日本で律令国家が成立した歴史の中で，特に重要だと考えるできごとや言葉を，下の「キーワードの例」も参考にして，教科書p.38〜43から一つ選ぼう。また，その理由を説明しよう。
➡（例）公地公民…権力を中央に集中させるために最も重要で強力な政策だから。

4 節　貴族社会の発展

12　木簡と計帳は語る　奈良の都と律令制下の人々の暮らし　（教p.44～45）

■平城京と国土の支配

▶和同開珎

- 710（和銅3）年，新たな都として，奈良に平城京がつくられた。
  …この都を中心に政治が行われた時代が，奈良時代。
- 平城京…唐の長安にならい，天皇の住まいや役所のある平城宮を中心に，貴族の住まいや寺院，民衆の家などが並んでいた。
- 東西におかれた市…さまざまな品物が売買され，和同開珎などの貨幣が使われた。
- 都と地方を結ぶ道路が整備…途中に駅が設けられ，役人が乗り継ぐ駅馬がおかれた。
- 蝦夷…東北地方で朝廷に反抗する人々。彼らを支配する拠点が，多賀城（宮城県）など。
- 大宰府（福岡県）…九州におかれ，外交や軍事などを担当。

■律令制のもとでの暮らし

- 律令国家のしくみが整い，全国から納められる税が，都に集められた。
- …税は，貴族の給与のほか，宮殿や寺院の建設，宮中行事など，朝廷の運営に使われた。
- 人々は，良民（公民）と，低い身分とされる賤民（奴婢など）に分けられた。
- …人々は6年ごとにつくられる戸籍に登録され，班田収授の法により，6歳以上の男女は口分田を与えられた。口分田は，死んだら国に返させた。
- 農民は，成年の男子を中心に，租・調・庸という税や，労役を負担。
- …調・庸は，自分で都に運ばなければならず，地方の人々にとって重い負担。
- 男子には兵役…防人として九州北部や，蝦夷との戦いや開拓のために東北地方に送られた。
- 都の造営などに働き手を取られることもあった。
- ➡数多くの負担から逃れるために，口分田を捨てて，他の土地に逃亡する者もいた。

教p.45資料6・7〈Q〉
〈Q1〉家族の名前，年齢，身体的特徴など。
〈Q2〉その人を管理し，税の取りこぼしがないようにするため。
〈Q3〉逃亡すること。

■進む開墾

- 農村では鉄製の農具が普及，稲の収穫量が増加。
- …人口増で口分田が不足し，朝廷は開墾を勧めた。
- ➡743年，墾田永年私財法で，新たに開墾した土地ならば，開墾した者が永久に所有することを認めた。
- 実際には，中央の貴族・寺院や，地方の豪族，一部の有力な農民が，貧しい農民を従えて土地を開墾。

教科書 p.45

確認　墾田永年私財法が出された背景を確かめよう。
➡（例）人口増で口分田と税収が不足し，新たな土地の開墾が必要となった。

表現　奈良時代の「朝廷，貴族，農民」の関係を，税の流れに注目して，図に表して説明しよう。
➡（農民が朝廷に税を納め，貴族が朝廷から税を受け取っている図がかけていればよい）

■遣唐使

●奈良時代，唐にはたびたび遣唐使が送られた。

➡使節や留学生らによって，唐の進んだ制度や文化が日本に伝えられた。

…阿倍仲麻呂のように，遭難して日本に帰れず，唐で一生を終えた人もいた。

●鑑真…唐から日本に来ようと何度も航海に失敗し，失明しながらも
日本に渡って，唐の仏教を伝えた僧。

●新羅や渤海とも，盛んに交流。

▶鑑真

■天平文化

●8世紀の中ごろ，聖武天皇と光明皇后は，仏教の力によって，伝染病や災害などの社会
の不安を除き，国家を守ろうと考えた。

➡地方の国ごとに国分寺と国分尼寺を建てた。都には東大寺を建て，金銅の大仏を造った。

●大仏完成の式典には，インドや中国など多くの国々の僧が参加。

…大仏の造立には，ため池や橋などを造って民衆から支持されていた僧の行基らも協力。

●東大寺の正倉院には，聖武天皇が使用していた楽器・食器・家具などの宝物が伝わる。

…唐や新羅の品のほか，シルクロードを通って唐にもたらされた，インドや西アジアなど
の品，それらの影響を受けて日本で作られたものもある。

●正倉院の宝物のように，唐からもたらされた文化の影響を受け，貴族を中心に栄えた国
際色豊かな文化を，聖武天皇のころの年号をとって，天平文化という。

…当時の建築や彫刻，工芸品は，興福寺や東大寺などの奈良の寺院に残されている。

■歴史書と万葉集

●律令制が整うなか，貴族や役人は記録などで文字を日常的に使用。

●国際的な交流が盛んになると，天皇が日本を
治める由来を説明する歴史書として，『古事
記』や『日本書紀』がまとめられた。

●地方の国ごとに，地理や産物，伝承などを記
した『風土記』もまとめられた。

●貴族は，万葉仮名を用いて和歌をつくった。

●奈良時代の末，大伴家持がまとめたとされる
『万葉集』には，柿本人麻呂や山上憶良など
の歌人，天皇や貴族，防人や農民などがよん
だ和歌が約4500首収められている。

教科書 p.47

確認 遣唐使は日本に何を伝え，ど
のような役割を果たしたか確かめよう。

➡（例）唐の進んだ制度や文化を伝え，
日本の政治制度や文化の発展をうなが
した役割を果たした。

表現 天平文化の特色を，飛鳥文化
との共通点をあげながら説明しよう。

➡（例）天平文化は，飛鳥文化と同じ
ように仏教を国をまとめるために用い
た文化であった。また，美術品のなか
に，西アジアの影響を受けたものがみ
られることが共通している。

■平安京

● 8世紀後半，中央では権力争い，地方では国司や郡司の不正が横行。

…政治を立て直そうと，桓武天皇は，平城京から長岡京に都を移そうとした。

➡さらに794年に，現在の京都市に平安京をつくった。その後の約400年間が平安時代。

●桓武天皇は，班田収授の徹底に力を入れ，国司の不正も取りしまった。

●また，律令制による支配に抵抗する蝦夷を，武力で従わせようとした。

…坂上田村麻呂を征夷大将軍として蝦夷を攻め，朝廷の支配を東北地方北部まで広げた。

■藤原氏の摂関政治

● 9世紀の中ごろから，藤原氏が他の貴族を退けて勢力を強めた。

…藤原氏は，娘を天皇の后にし，その子を天皇の位に就けて，朝廷の実権を握った。

●10世紀の中ごろから，一族の有力者が，天皇が幼い時は摂政として政治を代行，成人すると関白として天皇の補佐に就いて政治を動かすようになった。＝摂関政治

●摂関政治によって，藤原氏は，朝廷の主な役職を独占した。

…11世紀前半，藤原道長と，子の頼通の時に最も栄えた。

教p.49資料4 〈Q〉 （例）この世は自分のためにあると思う。私の権力は満月のように欠けたところが何一つない。

教p.49資料5 〈Q〉 （例）道長の娘が産んだ天皇に対し，さらに別の道長の娘が后になり次世代の天皇を産んでいる。

■律令制の変化

●平安時代の初め，律令政治が立て直される。

●しかし，9世紀には，農民が戸籍に記された土地を離れたり，税を逃れるために男子を女子といつわったりするようになった。

…戸籍が実態と合わず，班田収授が困難に。

➡有力農民が，貴族・寺社の所有地や，貧しい農民が手放した口分田の耕作も請け負う。

●10世紀になり，朝廷は，戸籍や班田収授の制度をやめて，有力な農民に土地を割り当て，税を納めさせることにした。

●地方の政治は国司に任され，国司は，定められた税を納めるだけでよくなった。

➡国司のなかには，農民から税を取り立て，自分の収入を増やす者や，地方に住みついて勢力を伸ばす者も現れた。

●朝廷や国司は，中央の貴族や寺社の所有地である荘園を認めるようになり，荘園は，貴族や寺社の大きな収入源になった。

教科書 p.49

（確認） 藤原氏は，どのように政治の実権を握るようになったか確かめよう。

➡（例）娘を天皇の后にし，その子を天皇にすることで権力を得た。また，天皇が子どものときは摂政，成人してからは関白として政治を掌握した。

（表現） 平安時代になって，それまでの「公地公民」のしくみは，どのように変わったか説明しよう。

➡（例）平安時代の初めは「公地公民」の立て直しが図られたが，農民の税逃れが多発したため「公地公民」は不可能となり，かわりに耕作を請け負った有力農民に，割り当てた土地分の税を課すようになった。これは，朝廷が，貴族・寺社の所有地（荘園）を認めることにつながった。

■最澄と空海

● 平安時代の初め，遣唐使とともに唐に渡った**最澄**と**空海**が新しい仏教を持ち帰った。

…帰国後，最澄は**天台宗**，空海は**真言宗**を開く。

● 天台宗や真言宗は，山奥の寺で修行を積み，国家の平安を祈る仏教だった。

➡ やがて，個人の願いのために祈りを行うようになり，天皇や貴族の信仰を集めた。

● 9世紀は，仏教だけでなく，文学や書道，美術なども，唐風が重んじられた。

■東アジアの変化と国風文化

● 9世紀末，唐の勢力がおとろえると，朝廷は遣唐使の派遣をやめた。

● 10世紀初めに唐がほろぶと，小国が分立し，やがて**宋**が中国を統一。

● 朝鮮半島では，10世紀前半に**高麗**が**新羅**をほろぼし，朝鮮を統一。

➡ 日本は宋や高麗と正式な国交は結ばなかったが，交易や，僧の交流が行われた。

● 貴族たちは，それまで取り入れた中国の文化を，日本の風土や生活にあわせてつくり変えた文化を発達させた。＝**国風文化**

● 貴族は，**寝殿造**とよばれる住居に住み，服装も唐風から日本風に変化。

● 日本の風物を描いた**大和絵**が生まれ，物語を大和絵で表す**絵巻物**が作られた。

● 万葉仮名の漢字を変形させて，日本語の発音を表す**仮名文字**も生まれた。

➡ 漢文より読み書きが簡単で，自分の考えや感情を自由に書き表せるようになり，仮名文字を用いた文学が盛んになった。

…10世紀には紀貫之らの『**古今和歌集**』，11世紀初めには，貴族社会を描いた**紫式部**の『**源氏物語**』，宮廷生活の体験を記した**清少納言**の随筆『**枕草子**』などが書かれた。

■浄土へのあこがれ

● 10世紀は，治安の悪化など社会が乱れ，人々の不安が高まった。

➡ **念仏**を唱え，**阿弥陀仏**にすがれば，死後，極楽浄土に生まれ変わるという**浄土の教え**を説く僧たちが現れた。

● 古来より日本では，人が死ぬと，その霊魂はこの世と異なる世界へ行くと信じられていたため，浄土の教えは人々に受け入れられた。

…貴族は，極楽浄土に強くひかれ，阿弥陀仏の像や，像を納める阿弥陀堂を造った。

教科書 p.51

（**確認**）　国風文化の生まれた背景や，その特色について説明しよう。

➡ （例）東アジアの情勢が大きく変わり，大陸からの文化の導入が減ったため，日本の風土や生活に合わせた文化が発達した。

（**4節をとらえる**）　貴族を中心とする政治や文化が栄えた歴史の中で，特に重要だと考えるできごとや言葉を，下の「キーワードの例」も参考にして，教科書p.44〜51から一つ選ぼう。また，その理由を説明しよう。

➡ （例）仮名文字…日本人の考えや感情を自由に書き表せるようになり，今日まで読みつがれるような優れた文学作品を多数生み出すことにつながったから。

1 Ⓐ縄文　Ⓑ稲作　Ⓒ卑弥呼　Ⓓ十七条　Ⓔ仏教　Ⓕ大化　Ⓖ班田収授　Ⓗ摂関　Ⓘ荘園　Ⓙ国風

2 小野妹子…遣隋使　　推古天皇…聖徳太子　　中大兄皇子…大化の改新
　　天武天皇…壬申の乱　　聖武天皇…天平文化　　柿本人麻呂…万葉集
　　桓武天皇…都を平安京に移す，律令政治の立て直し
　　坂上田村麻呂…東北の支配　　藤原道長…藤原氏が摂政・関白を独占
　　紫式部…仮名文字

3 a…⑤　b…①　c…②　d…⑧　e…④　f…⑦　g…⑥　h…③　i…⑨

4 （例）古代の日本で，漢字から日本固有の仮名文字が生まれたり，服装などが日本独自のものに変化した。これは，大陸からの文化の導入が途絶えた代わりに，日本の風土や生活にあわせた日本風の文化が生み出され，発達したためである。

▌時代の変化に注目しよう！

❶寝殿造。（例）藤原氏は娘を天皇のきさきにし，その子を天皇の位に就けて朝廷の実権を握った。主な役職を一族で占め，国司からの贈り物や荘園からの収入で，はなやかな生活を送った。

❷（例）高貴な血筋が権力に必要とされる社会から，戦力などの実力によって権力がもたらされる社会に変化していったことが予想される。

1節　武家政治の始まり

（教p.60〜61）

学習を始めよう　中世の暮らしと社会

（Q1）自分が正しいと思う仏教の教えを広めている。

（Q2）（例）米，魚，反物，下駄など。米は①，魚は②，反物は③，下駄は④の絵と関わりが深い。

（Q3）（例）刀を持った武士や僧侶，市でものを売る人，ものを運ぶ人，ものをつくる人などが活躍したのではないか。

1　武士の登場　武士の発生と武士団

（教p.62〜63）

■武士のおこり

- 10世紀，律令制のゆるみとともに，地方の政治が変化した。
- …国司やその子孫で，馬や弓矢で武装して農民から税を取り立てたり財産を奪ったりする者が現れた。
- ➡有力な農民や豪族のなかには，勢力を拡大して武装し，国司に対抗する者もいた。
- ➡地方の反乱につながった。
- 朝廷は，下級貴族や地方の有力者を武官に任命し，都の警備や地方の反乱鎮圧にあたらせた。
- ➡軍事や武芸を専門とする武士が形づくられていき，一族の長（惣領）がその子や兄弟をまとめ，郎党を従えて，武士団というまとまりをつくっていった。

■朝廷と貴族につかえる武士

- 古代から馬を産出し，蝦夷との戦いで多くの兵を出した関東地方では，10世紀中ごろ，平将門が国司と対立していた豪族と結んで反乱を起こした。
- 同じころ，瀬戸内地方でも藤原純友が海賊を率いて反乱を起こした。
- ➡朝廷は，武士の力を使ってこれらの反乱を治めた。
- 朝廷は，反乱を治めた武士の力を認め，天皇や藤原氏などにつかえる侍として都の警備に当たらせるようになった。

- 国の役人になって地方に定着し，勢力を伸ばす武士も現れた。
- …成長した武士の中で，天皇の子孫である源氏と平氏は有力で，武士の棟梁として武士団を率いた。
- 11世紀後半，東北地方で勢力争いから2度の戦乱が起こった。
➡ 源義家らがこの戦乱をしずめ，源氏が関東地方（東国）に勢力を広げ，東北地方では奥州藤原氏が平泉（岩手県）を中心に力を伸ばした。
- 12世紀，平忠盛らが瀬戸内海の海賊などの反乱をしずめ，平氏が西日本（西国）に勢力を広げた。

■荘園と武士

- 地方の武士は，国司が支配する土地（公領）の管理者として，年貢の取り立てや犯罪の取りしまりを任されるようになった。
- …一方で，自らも土地の開発を進め，その領地を都の貴族や有力な寺社に寄進し，荘園とした。
- 荘園は，名前のうえでは貴族や寺社のものだが，武士は農民から集めた年貢を納めることで，実際に土地を支配する権利を得ていた。
➡ やがて武士は，荘園に館を築き，一族を増やして，政治力を強めていった。

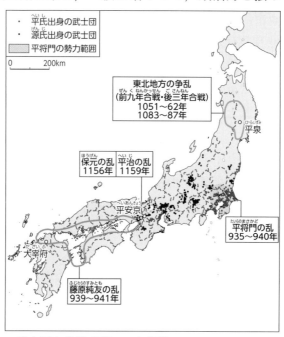

▲武士団と各地で起こった争乱

教科書 p.63

（確認） 初め，武士はどのような役割を担っていたか確かめよう。
➡ （例）朝廷に仕えていた武士は，都の警備や地方の反乱をしずめる役割を担っていた。
（表現） 源氏や平氏などの武士が，どのように力を伸ばしていったか説明しよう。
➡ （例）朝廷の命で，地方の反乱をしずめ，その土地に勢力を広げることで力を伸ばしていった。

2 貴族から武士へ 院政と平氏政権

■荘園と院政

- 11世紀中ごろ，藤原氏と血縁関係がうすい後三条天皇が即位。
- …荘園を整理して公領を増やし，摂関家から政治の実権を取りもどそうとした。
- 次の白河天皇は，幼少の皇子に皇位をゆずって自らは上皇となった後，摂政や関白をおさえて政治を行った。＝院政
- 白河上皇や，次に院政を行った鳥羽上皇は，天皇としての制約を受けない自由な立場。
- ➡政治の方針を変えて，荘園を増やした。
- …上皇や，上皇が新しく建てた寺社には，権力を頼る中小貴族が多くの荘園を寄進。

■中央の政治と武士

- 荘園が増加し，土地をめぐる争いも増加。
- ➡荘園をもつ有力な寺社は，自らの要求を通すため，僧を武装させて僧兵とした。
- 朝廷は，僧兵に対応するために，都の警備に武士を当てた。
- 12世紀中ごろ，鳥羽上皇が亡くなると，院政の実権をめぐって天皇家や藤原氏が対立。
- ➡後白河天皇は，**平清盛**や**源 義朝**らを従え，崇徳上皇と争い勝利（保元の乱）。
- 後白河上皇が院政を始めた後に，再び朝廷内で争いが起こる。
- ➡清盛が義朝を破り，上皇の信頼を得た平氏が，清盛を中心に勢力拡大（平治の乱）。
- 京都で合戦が行われ，政治の争いが武士の力で決着したことは，貴族には大きな衝撃。

■平氏政権の誕生

- 平清盛は，武士として初めて政治の実権を握り，朝廷の最高役職の太政大臣になった。
- …娘を天皇の后にして，一族も高い位や役職を独占。広大な公領や荘園を支配。
- 瀬戸内海の航路や大輪田泊（現在の神戸港）を整備し，中国の宋と盛んに貿易。
- 商人や僧が行き来し，宋銭が大量に輸入され，新しい仏教の動きも伝えられた。

■平氏の滅亡

- 権力を強めた清盛に，天皇家や貴族，地方の武士は反発した。
- ➡清盛と後白河上皇が対立し，後白河上皇の皇子が平氏打倒をよびかける命令を発した。
- ➡伊豆（静岡県）の**源 頼朝**や木曽（長野県）の**源 義仲**ら源氏が中心の武士が挙兵。
- 頼朝は，武士たちを組織して関東地方を支配。弟の**源 義経**らを派遣して平氏を攻撃。
- ➡1185年，壇ノ浦（山口県）で平氏をほろぼした。

教科書 p.65

確認 平清盛が権力を握るきっかけとなったできごとを確かめよう。
➡保元の乱と平治の乱

表現 平氏の政治と，藤原氏の摂関政治を比べて，どのような共通点や違いがあるか説明しよう。
➡（例）共通点…娘を天皇の后にして，生まれた子を天皇にすることで権力を得ること。違い…平氏は，中国と貿易を行って富を得たのに対し，藤原氏の摂関政治では中国との貿易は重要ではなかった。

3 いざ鎌倉 武家政治の成立と展開 (教p.66〜67)

■鎌倉幕府の成立

● 源 頼朝は，源氏と平氏の争乱の中，鎌倉を拠点に政治のしくみを整えた。

●平氏滅亡後に頼朝は，源 義経と対立。➡義経をとらえることを理由に，1185年，国ごとに守護を，荘園や公領ごとに地頭をおくことを朝廷に認めさせた。

●その後，頼朝は，義経をかくまったことを理由に，奥州藤原氏をほろぼした。

➡1192年に朝廷から征夷大将軍に任命され，全国の武士を従える地位に就いた。

●鎌倉にできた武士の政権を鎌倉幕府といい，幕府が続いた時代を鎌倉時代という。

●幕府は，将軍と，将軍に従う武士（御家人）との結びつきで支えられた。

〔将軍〕御家人を守護や地頭に任命，先祖からの領地の保護，新たな領地を与える(御恩)。

〔御家人〕将軍に忠誠を誓い，京都や鎌倉の警備，一族を率いて戦う（奉公）。

…土地を仲立ちとした主従関係が結ばれるしくみ。＝封建制度

■北条氏の執権政治

●頼朝の死後，御家人の間で権力争い。➡頼朝の妻の北条政子と，父の北条時政が実権。

●時政が，将軍を補佐する執権の地位に就くと，その後も北条氏の一族が執権を独占。

●源氏の将軍は３代で絶えた。➡その後は，京都から迎えた貴族や皇族を将軍に。

…将軍を補佐する北条氏が，御家人をまとめて幕府の政治を動かした。＝執権政治

●一方で，京都の朝廷では院政が続き，国司を任命していたほか，西国では，荘園の領主である公家や寺社が力をもっていた。

…朝廷の力を再び強めようと，後鳥羽上皇は，源氏の将軍が絶えると，1221（承久３）年，幕府を倒すため挙兵。

➡政子らが中心の幕府は，東国の御家人を結束させて京都を攻め，上皇を破った（承久の乱）。

➡幕府は，上皇らを隠岐（島根県）などに追放。朝廷を監視するため，京都に六波羅探題をおいた。

●上皇に味方した公家や西国の武士の土地を没収，御家人をその土地の地頭に任命した。

➡幕府は西国にも勢力を伸ばし，支配を広げた。

●御家人と荘園領主が，土地や年貢をめぐり争い。

…1232（貞永元）年，執権の北条泰時らは，御家人に関わる裁判の基準や，守護や地頭の役割を，御成敗式目（貞永式目）に定めた。

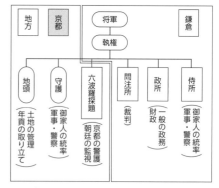

▲鎌倉幕府のしくみ（13世紀前半）

●御成敗式目は，公家とは異なる武家社会の慣習や，頼朝以来の裁判の例に基づいて現実的だった。

➡その後も長く武家政治の手本とされた。

教科書 p.67

確認 将軍と御家人の「御恩と奉公」の関係を図に表して確かめよう。

➡ 右図

表現 承久の乱の後，鎌倉幕府はどのように支配を広げたか説明しよう。

➡（例）上皇に味方した公家や西国の武士の土地を没収，御家人をその土地の地頭に任命して，幕府の支配が広がった。

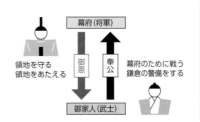

---

4 弓馬の道 鎌倉時代の人々の暮らし

(教p.68〜69)

■武士の暮らし

● 有力な武士は，鎌倉や京都に屋敷。地方の武士は，領地のなかで交通や水利のよい場所に，堀や塀で囲んだ館を設けて暮らした。

● 武士は領主として，下人や近くの農民を働かせて館の周辺の田畑を耕作し，自らは乗馬や弓矢の武芸にはげんで戦いに備えた。

● 武士の一族は，惣領を中心に血縁で団結し，領地は惣領でない者にも分割相続された。

…武家の女性は，土地を相続できたため，地頭になって領地を支配する女性もいた。

➡ 新たな領地が得られなくなると，一族の間で争いが起こることもあった。

■地頭の支配

● 公領や荘園の地頭となった武士は，土地の管理や年貢の取り立てを行った。

● 有力な武士の中には，いくつもの荘園や公領の地頭となる者もいた。

● 地頭がおかれた荘園では，土地や農民の支配をめぐり，地頭の武士と荘園領主が争った。

➡ 幕府の裁判で決着。地頭が一定額の年貢の納入をうけ負うことで荘園の支配を任されたり，荘園の半分が地頭に与えられたりして，地頭の権利が強くなっていった。

…農民は，領主と地頭から二重の支配。集団で地頭の勝手な支配を領主に訴えるなどした。

■民衆と農業・商業

● 鎌倉時代には自然災害や飢饉もあったが，農地の開発が進み，農業技術が発達した。

…田畑に水を引くかんがいの整備，牛馬や鉄製の農具を使った農耕，草木を焼いた灰などの肥料も普及。農業生産が高まった。

● 西日本を中心に，同じ田畑で米を収穫した後に麦を栽培する二毛作も始まった。

● 農業の発達とともに，手工業や商業も盛んになった。

● 農村では，農具などの鉄製品を造る鍛冶や，布や衣服を作る者が現れた。

● 寺社の門前や交通の要所で，問丸が年貢や商品の輸送や取引を行い，定期市が開かれた。

● 市での売買には宋銭が使われ，やがて年貢も銭で納められるようになった。

● 京都や鎌倉では，銭を貸す高利貸しも現れた。

〈Q1〉①堀と塀で囲まれている。
②見張りのために門番がいて、敵に矢を射るためのやぐらがある。
③景色をよくするための池などはなく、風よけや矢の材料にもなる竹が植えられていて実用的である。
〈Q2〉馬…乗り物として。鷹…狩りのため。猿…魔よけの意味があったとされる。

教科書
p.69

確認 鎌倉時代に、農業や商業はどのように変化したか確かめよう。

➡ (例) かんがいの整備、牛馬や鉄製の農具を使った農耕、草木を焼いた灰などの肥料の普及によって農業生産が高まった。また二毛作が始まった。商業は農業の発達とともに盛んになり、農村で鍛冶や布作りが始まった。人が多く行き来する場所では、問丸や定期市がみられた。市では宋銭が使われ、京都や鎌倉では高利貸しも現れた。

表現 農民と地頭、荘園領主の関係について、図に表して説明しよう。

➡ (例) 農民は荘園領主に年貢を納め荘園領主は農民を支配していること、加えて地頭は荘園領主と農民の支配をめぐって争ったことが描けていればよい。

5 祇園精舎の鐘の声 鎌倉文化と新しい仏教 (教p.70～71)

■鎌倉文化

- 鎌倉時代、貴族中心の伝統文化に加え、武士や民衆による力強い文化が誕生。
- 源平の争乱で焼かれた東大寺は、貴族や武士だけでなく民衆からの寄付で再建。
- …宋の様式を取り入れた南大門や、仏師の運慶や快慶らが造った金剛力士像など、武士の気風を反映した文化財が残されている。

▲東大寺南大門金剛力士像

- 朝廷では、藤原定家らに和歌を選ばせ、古代以来の歌人の歌や、武士から僧になった西行らの歌を集めた『新古今和歌集』がまとめられた。
- 武士の活躍を描いた軍記物も生まれ、なかでも『平家物語』は琵琶法師によって語られ、文字を読めない人にも親しまれた。
- 飢饉や戦乱など厳しい世の中を描いた鴨長明の『方丈記』や、民衆の姿をいきいきと描いた兼好法師の『徒然草』などの随筆も著された。

▶琵琶法師

- 合戦の様子や僧の伝記を描いた絵巻物も多く作られ、当時の人々の生活を伝える。
- 似絵とよばれる写実的な肖像画も多く描かれた。

■新しい仏教

● 戦乱や飢饉が続き，救いを求める人々にこたえる新しい仏教が誕生。

● 法然…平安時代からの浄土信仰の流れを受けて，「南無阿弥陀仏」と念仏を唱えれば，だれでも極楽浄土に生まれ変われると説き，**浄土宗**を開いた。

● 親鸞…法然の弟子で，阿弥陀仏の救いを信じて自らの罪を自覚した者が救われると説き，**浄土真宗（一向宗）**を開いた。

● 一遍…性別や身分によらず念仏を唱えれば極楽往生できると説き，**時宗**を開いた。踊念仏による布教の旅をした。

● 日蓮…「南無妙法蓮華経」と法華経の題目を唱えれば人も国も救われると説き，**日蓮宗（法華宗）**を開いた。

● 栄西と道元…宋に渡って座禅による厳しい修行で自ら悟りを開こうとする**禅宗**を学んだ。栄西は臨済宗を，道元は曹洞宗を日本に伝えた。

➡ 禅宗は，武士の気風に合って全国に広まり，また，北条氏が中国から僧を招いて鎌倉に禅宗の寺を建てるなど，幕府の保護も受けた。

● 鎌倉時代の新しい仏教のなかには，朝廷や幕府，伝統的な仏教から迫害を受けたものもあったが，少しずつ人々の間に広まっていった。

● 一方，天台宗や真言宗などの伝統的な仏教も，朝廷や幕府のために祈とうを行うなどして，人々から盛んに信仰された。

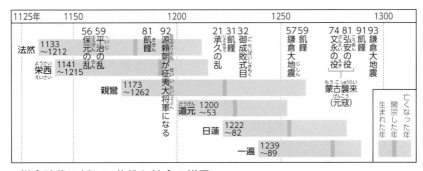

▲鎌倉時代の新しい仏教と社会の様子

教科書 p.71

表現 鎌倉文化にはどのような特色があるか，平安時代の文化と比べて説明しよう。

➡ （例）平安時代の文化が貴族中心だったのに対し，鎌倉時代の文化は貴族に加えて武士や民衆が担い手となった。

1節をとらえる 武士が政権を担うようになった歴史の中で，特に重要だと考えるできごとや言葉を，下の「キーワードの例」も参考にして，教科書p.62〜71から一つ選ぼう。また，その理由を説明しよう。

➡ （例）源氏と平氏…成長した武士団の代表で，その後江戸時代の終わりまで続く，武士が政治権力の中心にある時代の基礎をつくったから。

2節　ユーラシアの動きと武家政治の変化

6　大陸をまたぐモンゴル帝国　13世紀ごろのユーラシアの動き　(教p.72〜73)

■モンゴル帝国の出現

- 13世紀初め，チンギス＝ハンが，中国北方のモンゴル高原に暮らす遊牧民の諸部族を統一。➡モンゴル帝国を築く。
- チンギスとその子孫は，機動力に優れた騎馬軍団を組織し，東アジアから西アジア，さらに東ヨーロッパまで攻め入り，ユーラシア大陸をまたぐ広大な地域を支配。
- チンギスは，民族や出身にかかわらず優秀な人材を活用し，帝国は発展。
- モンゴル帝国が支配した地域には，複数の勢力があったが，ゆるやかに連合していた。
- 中国北部を治めた5代皇帝のフビライ＝ハンは，13世紀後半に都を大都（現在の北京）に移し，国号を中国風に元と定め，1279年に宋（南宋）をほろぼして中国を統一。
- 元は，税の徴収や治安維持を重視し，支配した地域の文化や宗教を認めた。
- 一方で元は，東南アジアや，朝鮮半島，日本にも勢力を広げようとした。
- ➡13世紀前半から侵攻を受けた朝鮮半島の高麗は，都を江華島に移し，約30年にわたって抵抗したが，元に服属。元は，日本にも使者を送り，朝貢と服属を求めた。

■東西交流の進展

- もともと内陸の遊牧民から始まったモンゴル帝国は，領土を広げ，海に進出。
- モンゴル帝国や元の時代には，陸・海の交通路が整えられた。
- …フビライが，長江以南の港と，大都を結ぶ海路と運河を整備。
- ➡大陸の交通路と，南の海の交通路が結びつき，ユーラシア大陸の東西の貿易や文化交流はいっそう活発になった。
- 大都を訪れたヨーロッパやイスラム世界の商人たちは，イスラム世界で発達した数学や医学，天文学などを元に伝えた。
- 一方で西方には，中国で発達した火薬や羅針盤などの技術がもたらされた。

教科書
p.73

確認　モンゴル帝国と元が支配した地域を確かめよう。

➡教科書p.72資料1を確認。

表現　元と，東アジアやヨーロッパ，イスラム世界との交流について図に表して説明しよう。

➡（例）元を中心に，ヨーロッパやイスラム世界から中国へは数学，医学，天文学などが，中国から西方へは火薬や羅針盤などがもたらされ，日本などの東アジアからは多くの僧が留学したことが描けていればよい。

7 海から押し寄せる元軍 元寇と鎌倉幕府の滅亡

(教p.74〜75)

■元軍との戦い

● 13世紀の中ごろ，元の皇帝フビライ＝ハンは，服属するよう日本に何度も使者を送った。

➡鎌倉幕府の執権，**北条時宗**は拒否。元と高麗の連合軍が侵攻してきた。

● 1274（文永11）年，元軍は，対馬・壱岐を襲ったのち，九州北部の博多湾に上陸。集団戦法や火薬を使った武器で戦うが，すぐに撤退（**文永の役**）。

➡幕府は，再度の侵攻に備え，御家人に博多湾の沿岸に石垣（防塁）を築かせた。

● 1281（弘安４）年，再び元が攻めてきた。

➡幕府軍の抵抗や防塁などで上陸できず，暴風雨による損害を受けて退却した（**弘安の役**）。

➡２度にわたる襲来（**元寇**）ののちも，元は日本への遠征を計画したが，実行されず。

● 日本と元に正式な国交はなかったが，民間の貿易や，禅宗の僧による文化交流は盛ん。

■幕府政治のおとろえ

● 元寇ののち，幕府は西国の御家人に対する権限や支配をいっそう強めた。

● 奉公として，元軍と戦い，費用を負担した御家人や，勝利を祈願した寺社は，幕府に恩賞を求めたが，十分な土地は与えられなかった。

➡御家人は，新たな領地を得ることができなくなり，領地を分散させないよう，惣領が領地のすべてを一人で受け継ぐようになった。

● 困窮した御家人の中には，領地を売ったり質に入れたりして失う者が多かった。

➡幕府は**徳政令**を出し，御家人に領地をただで取りもどさせようとしたが，混乱をまねいた。

● 各地で**悪党**が現れ，市や港町などを襲撃。

…御家人はその取りしまりも命じられ負担増。

● 一方で，北条氏の一族が幕府の政治を独占。

➡幕府に対する御家人の不満は高まり，幕府の力はしだいにおとろえていった。

■鎌倉幕府の滅亡

● **後醍醐天皇**は，幕府を倒し，政治の実権を朝廷に取りもどそうと挙兵。

…計画はいったん失敗し，天皇は隠岐に追放。

➡しかし，**楠木正成**などの新興の武士や，有力な御家人の**足利尊氏**，**新田義貞**らを味方につけ，1333年に鎌倉幕府をほろぼした。

読み解こう 教p.75

❶ 元軍が集団戦法，火薬を使った武器を使うのに対し，御家人は一騎で立ち向かっている。

❷ 将軍からの御恩を得るために，戦って奉公を示す必要があったから。

❸ 戦いの成果を自ら主張し，よりよい御恩を得るため。

❹ 十分に戦い，幕府に貢献したことの証拠とするため。

教科書 p.75

確認 元寇ののち，幕府に対する御家人たちの不満が高まっていった理由を二つあげよう。

➡①新たな領地が得られなくなったため。②治安維持などのために，御家人の負担が大きくなったため。

表現 幕府がおとろえていった原因について，幕府と御家人たちの関係に注目して説明しよう。

➡（例）新たな領地を幕府が御家人に与えることができなくなったことで，土地を仲立ちとする主従関係がゆらいでいったため。

8 このごろ都にはやるもの 南北朝の内乱と室町幕府の成立 (教p.76〜77)

■建武の新政と南北朝の内乱

● 鎌倉幕府の滅亡後，後醍醐天皇は，天皇中心の新しい政治を始めた（**建武の新政**）。

…それまでの武家政治や，院政，摂政・関白を否定し，後醍醐天皇自らが改革を推進。

➡ 政治のしくみが整わず社会は混乱。

● 幕府と戦った恩賞や役職で，公家や一部の新興武士が優遇されたため，武士の間で不満。

➡ 足利尊氏が，新政に反対して兵を起こし，京都に新たな天皇を立てた。

➡ 後醍醐天皇は吉野（奈良県）に逃れ，京都の北朝と吉野の南朝の二つの朝廷が並び立つ。

● 新政は2年余りで終わり，その後約60年，全国の武士は，北朝と南朝のどちらかにつき，領地をうばい合って戦った。＝**南北朝の内乱**。この時代を南北朝時代という。

● 尊氏は，1338年に北朝から征夷大将軍に任命され，京都に幕府を開いた。

● 幕府は，内乱が続くなかで，国ごとに任命した守護に対し，従来の軍事・警察権だけでなく，荘園の年貢の半分を取り立て，軍事費にする権利などを認めた。

➡ 地方の守護が力を強めた。やがて守護は，国内の武士を家来として従え，国司に代わり，その国を自分の領地として支配するようになった。＝**守護大名**

■室町幕府の成立と守護大名

● 南朝が勢力を失い，内乱は治まってくる。

…3代将軍の**足利義満**は，1392年に南朝を北朝に合一させ，内乱を終わらせた。

● 幕府は，朝廷がもっていたさまざまな権限を吸収し，全国を統治する政権になった。

● 義満が，京都の室町に御所を建て政治をしたため，足利氏の幕府は**室町幕府**，幕府の続いた時代を室町時代という。

● 幕府は，金貸しを営んでいた土倉や酒屋を保護するかわりに税を取り，収入とした。

● 幕府には，**管領**とよばれる将軍の補佐役がおかれ，細川氏や畠山氏などの有力な守護大名が交替で就いた。

● 関東には鎌倉府がおかれ，長官（鎌倉公方）に足利氏の一族が就いて，関東を支配。

➡ しかし，やがて守護大名は幕府に従わなくなり，鎌倉公方も幕府と対立。

…幕府の統治は不安定化。

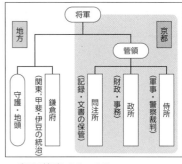

▲室町幕府のしくみ

教科書 p.77

確 認 建武の新政が，2年余りで終わった原因を確かめよう。

➡ （例）従来の政治体制を否定し，天皇自らが改革を進め，社会が混乱したため。また，幕府と戦った恩賞や役職も，公家や一部の武士を優遇し，武士の不満が募ったため。

表 現 室町幕府と鎌倉幕府のしくみを比べて，どのような共通点や違いがあるか説明しよう。

➡ （例）侍所・政所・問注所が軍事・行政・裁判機関としてあったことが共通している一方，将軍の補佐役は，鎌倉幕府の執権が将軍より権力を有していたのに対し，室町幕府の管領が行政の長として，権力の及ぶ範囲が限られていたという点が異なる。

32

9 行き交う海賊船と貿易船 東アジア世界の交流

■倭寇の出現

- 14世紀，日本や元・高麗の国内が乱れると，**倭寇**の活動が活発になった。
- 倭寇は，松浦や対馬・壱岐（長崎県）などを根拠地に，密貿易や，朝鮮半島や中国沿岸で食料をうばったり，人をさらうなどの海賊行為を行った。
- このころの倭寇は，日本人を中心に，中国や朝鮮半島の人々も加わっていた。

■明の成立と日明関係

- 14世紀の後半，中国で漢民族が**明**を建国し，元を北に追いやった。
- 明では，絹織物・綿布・陶磁器・茶などの生産が発展，盛んに輸出。
- 明の学問は，国の統治のよりどころとして朱子学が重視された。
- ➡やがて，朱子学を批判し，善良な心による実践を重んじる陽明学が誕生。日本に伝わる。
- 北方の遊牧民族を防ぐため万里の長城を整備し，幕府に倭寇の取りしまりを要求。
- 民間の貿易を禁じ，朝貢をした国と国交を結んで，国の管理のもとに貿易を許可。
- …明に朝貢の使節を送った足利義満は「日本国王」と認められ，日本と明の国交が開いた。
- 明は，正式な貿易船の証明として，勘合という合札を日本の船に与えて貿易を行ったことから，日明貿易を**勘合貿易**ともいう。
- 日本は，明から銅銭（明銭）・生糸・絹織物・陶磁器・水墨画などを輸入。一方，明へは銅・硫黄・刀剣などを輸出。
- 貿易では，幕府だけではなく，堺や博多の商人や守護大名も大きな利益を得た。

■朝鮮の成立と日朝関係

- 14世紀末，朝鮮半島で李成桂が高麗を倒し**朝鮮**建国。
- 朝鮮では，独自の文字（ハングル）がつくられた。朱子学が発達し，日本にも大きな影響。
- 朝鮮は，倭寇の被害が大きく，倭寇の取りしまりを幕府や西日本の守護大名に求める一方，略奪を行わない者には貿易を許可した。
- 朝鮮は，明に朝貢すると，日本とは対等な国交を結んで，貿易を開始した。
- 日本は，朝鮮から木綿や陶磁器・仏典などを輸入。朝鮮へは銅などを輸出。
- 朝鮮との間でも，西日本の商人や守護大名が貿易を行ったが，やがて対馬の島主である宗氏が，朝鮮から特別な地位を与えられ，貿易を独占。
- ➡東アジアの交流が盛んになり，倭寇は減少。

教科書 p.79

確認 日本が，明や朝鮮との貿易で，輸出したり輸入したりした品物をそれぞれあげよう。

➡明から輸入：銅銭（明銭）・生糸・絹織物・陶磁器・水墨画など。明へ輸出：銅・硫黄・刀剣など。朝鮮から輸入：木綿や陶磁器・仏典など。朝鮮へ輸出：銅など。

表現 「日本，明・朝鮮，倭寇」の関係を，図に表して説明しよう。

➡（例）明・朝鮮との貿易関係と，倭寇が明・朝鮮を襲い，日本が倭寇を取りしまることが描けていればよい。

■琉球王国の成立

●11世紀末ごろから，琉球（沖縄県）では農耕を基礎とした社会がつくられ，按司とよばれる支配者たちが，各地にグスク（城）を築いて勢力を争った。

●14世紀には，山北（北山）・中山・山南（南山）の三つの王国が成立。中国で明が成立すると，それぞれ明に朝貢した。

●15世紀の初め，中山王の尚巴志が，三つの王国を統一して琉球王国を築き，首里を都として独自の文化を発展させた。

●琉球は，明への朝貢とともに，日本や朝鮮，東南アジアとも盛んに貿易を行った。

…日本の刀剣や屏風，東南アジアの香辛料や象牙などを明に納め，明からは絹織物や陶磁器などを得ると，さらに他の国々に輸出した。＝東アジアと東南アジアを結ぶ中継貿易

●那覇の港は重要な国際貿易港として栄えた。

■蝦夷地とアイヌ民族

●蝦夷地（北海道）では，先住民族のアイヌ民族が，古くから狩猟や漁，交易を行った。

●アイヌの人たちは，蝦夷地を「アイヌ・モシリ（アイヌ［人間］の静かなる土地）」とよび，コタン（集落）をつくって暮らしていた。

●アイヌの人たちのなかには，樺太（サハリン）に渡り，大陸と交易したり，元軍と戦ったりする人たちも現れたが，やがて明に朝貢し，毛皮などを納め，絹や衣服などを得た。

●14世紀ごろ，津軽半島（青森県）の十三湊を拠点にした安藤（安東）氏が，アイヌの人たちとの交易を活用して勢力を伸ばした。

…蝦夷地の鮭や昆布，毛皮，東北地方の米などを，京都まで運んで富を築き，十三湊は日本海交通の中心となった。

●やがて本州から進出した和人が，蝦夷地南部の渡島半島の沿岸に館とよばれる根拠地をいくつも築いて，アイヌの人たちと交易を行った。

➡アイヌの人たちの生活はしだいに圧迫され，和人との争いがしばしば起こった。

…15世紀の中ごろ，コシャマインを指導者としてアイヌの人たちが蜂起し，和人と戦いになった。

教科書 p.81

(表現) 琉球王国やアイヌの人たちが，どのように周辺地域とつながり，独自の文化を育んだのか説明しよう。

➡ （例）琉球王国は，中国や日本，東南アジアも含めた中継貿易を行い，それらの影響を受けた独自の文化を発展させた。アイヌの人たちは，古くから独自の文化を築いており，独自に明と交易などを行っていたが，和人が蝦夷地に進出してくると，その影響下におかれ，しばしば和人と争った。

(2節をとらえる) 武家の政治が大きく変化した歴史の中で，特に重要だと考えるできごとや言葉を，下の「キーワードの例」も参考にして，教科書p.72〜81から一つ選ぼう。また，その理由を説明しよう。

➡ （例）各地との貿易…室町時代，明や朝鮮との貿易を，幕府だけでなく守護大名も行うようになったことで，各地の守護大名が勢力を伸ばし，その後の戦国時代につながるから。

3節　結びつく民衆と下剋上の社会

11 団結する村，にぎわう町 産業の発達と民衆の成長　　（教p.82〜83）

■産業や流通の発達
- 室町時代，各地で産業が発達。
  - 〔農業〕二毛作や牛馬耕，肥料の使用がさらに広まり，かんがいの技術も進んで収穫増。茶・藍・麻・桑などの栽培，養蚕が盛んに。16世紀，朝鮮伝来の綿の栽培が広まった。
  - 〔手工業〕京都の絹織物をはじめ，紙・陶器・酒・油などの特産物が各地に生まれた。刀や農具をつくる鍛冶・鋳物業も盛ん。
  - 〔鉱山業〕鉄や，輸出品にもなる銅などの採掘が盛んに。
  - 〔流通〕陸海の交通が発達。港では運送・保管を問丸が，陸上では輸送を馬借・車借が行う。市が開かれる場所や回数が増え，常設の市も現れた。輸入された宋銭や明銭を使用。
  - ➡交通が盛んになると，幕府や公家・寺社は，関所を設け，通行税を徴収した。

■町の自治
- 産業や流通が発達し，港町や，大きな寺社の周りの門前町などの都市が繁栄。
- …特に堺（大阪府）や博多（福岡県）は，国内だけでなく明とも貿易。
- 政権がおかれた京都は流通の中心。武士や，多くの商人・職人が活動。
- …土倉とよばれる質屋や酒屋などの金貸しが繁盛。幕府は彼らに税を課して大きな収入。
- 商人や手工業者らは，同業者ごとに座とよばれる組合をつくった。
- …公家や寺社に銭を納めて保護を受け，商品の製造や販売を独占する権利を確保。
- 室町時代の後半，堺や京都などは，町衆とよばれる有力な商工業者を中心に自治を行い，大名の支配に対抗する都市も現れた。

■村の自治
- 惣…近畿地方や周辺の村で，有力な農民を中心としてつくられた自治組織。
- 惣では，寺や神社で寄合を開き，おきてを定め，共同で利用する用水や山野の管理，村の祭りなどを協力して営んだ。
- 村を守るために堀をめぐらせたり，村内で罪を犯した者を独自に処罰したりした。
- 他の村と境界をめぐって交渉したり，年貢を村でまとめて荘園領主に納めたりした。
- 一方，荘園の境を越えて連合する村も現れ，領主に対して年貢を減らす交渉をしたり，耕作を放棄して他の領地に逃げるなど，集団で支配に抵抗することもあった。

> **教科書 p.83**
>
> （確認）室町時代には，どのような産業が発達したか確かめよう。
> ➡農業，手工業，鉱山業，運送業，金融業。
>
> （表現）室町時代に，自治の動きが現れてきた背景について説明しよう。
> ➡（例）産業の発達により，豊かな商人が現れて，幕府や大名がその経済力に頼るようになり，商人の政治的な発言力が増した。

12　下剋上の世へ　応仁の乱と戦国大名の出現　（教p.84〜85）

■土一揆

- 1428（正長元）年，飢饉や疫病，将軍や天皇の代替わりといった社会不安の中，近江国（滋賀県）の馬借が，徳政を求めて一揆を起こした（正長の土一揆）。

…民衆は，土倉・酒屋や寺院などを襲い，借金の証文や質に入れた品物をうばった。

- 一揆の動きは近畿地方周辺に広がり，その後も将軍の代替わり時などに繰り返し起こった。要求におされ，幕府は土地の返却や借金の帳消しを認める徳政令をたびたび出した。

> 教p.84資料4〈Q〉　正長元年より前には，神戸四か郷では借金があってはならない（＝正長元年より前の借金は，神戸四か郷では帳消しにする）。

■応仁の乱と下剋上

- 6代将軍足利義教が暗殺された後，守護大名の争いが続いた。
- ➡ さらに8代将軍足利義政のあとつぎ問題も結びつき，守護大名の細川氏と山名氏が対立し，1467（応仁元）年，京都で応仁の乱が始まった。
- 応仁の乱は，守護大名を二分して10年以上続き，都は焼け野原となった。
- ➡ 幕府の力はおとろえ，各地に争いが広がるなか，地方の武士や民衆は力を伸ばした。
- 山城（京都府）では，1485年に武士や農民らが団結して守護大名を追い出し，その後8年間の自治を続けた（山城の国一揆）。
- 浄土真宗（一向宗）が盛んだった加賀（石川県）では，信者が団結して一向一揆を起こして，守護大名らを倒し，100年近く自治を続けた。

…下位の者が上位の者に実力で勝ち，地位をうばう風潮は下剋上とよばれ，広がった。

■戦国大名の支配

- 16世紀，将軍の支配は京都周辺に限られ，地方では，守護大名やその家臣の中から，実力を伸ばして領国を独自に支配する戦国大名が現れた。
- 戦国大名は，一国から数国を支配。他の大名との戦いに備え，領国の武士を家臣にして軍団を組織。
- また，大規模な治水やかんがいを行って農業生産を高め，鉱山も開発して国を富ませた。

…室町時代後半，戦国大名が領国の拡大を求めて戦った約100年間を，特に戦国時代という。

- 戦国大名には，領国の統一した支配を強めるために，分国法をつくる者もいた。

…分国法には，家臣の勝手な同盟や，武力使用の禁止など，下剋上を防ぐきまりが定められた。

- 戦国大名は，居所として防備の固い城を築き，城の周辺に家臣を住まわせ，商工業者を集めて城下町をつくった。…交通も整備，軍事や経済の中心。

教科書 p.85

確認　応仁の乱が起こった背景について確かめよう。

➡ （例）守護大名どうしの争いが，8代将軍足利義政の後継者問題とつながって，守護大名を二分する争いになった。

表現　戦国大名が台頭した背景について，「応仁の乱，地方，下剋上」の用語を使って説明しよう。

➡ （例）応仁の乱を経て，室町幕府の力は京都周辺にとどまるまでに縮小し，地方では戦国大名が，領地を拡大させながら独自の支配を行うようになった。戦国大名には，守護大名の家臣から下剋上でのし上がった者もいた。

■とけ合う文化

- 室町時代は，幕府が京都におかれたため，将軍や守護大名は，公家の文化に親しんだ。
- 足利義満が京都の北山に建てた金閣は，公家と武家の文化がとけ合った特色が表れる。
- …義満のころの文化を特に北山文化という。
- 能（能楽）…義満の保護を受け，観阿弥と世阿弥によって大成された舞台芸術。平安時代から民衆の間で行われていた猿楽・田楽などの芸能をもとにしている。
- 狂言…能の合間に演じられた。当時の話し言葉による喜劇で，民衆の生活をよく伝える。
- 連歌…和歌の上の句と下の句を別々の人がよみつないでいく。地方を旅した連歌師によって広められ，寄合など集団の結びつきを強めるのに役立った。

■禅宗と文化

- 勘合貿易などで中国の文化ももたらされた。
- 鎌倉幕府と同様に，室町幕府も禅宗を保護し，京都には大きな禅宗の寺が建てられた。
- 禅僧は，幕府の使者として中国・朝鮮を行き来し，政治や外交で重要な役割を果たした。
- 禅宗は文化にも大きな影響。
- …8代将軍の足利義政が京都の東山に建てた銀閣には，禅宗の寺の建築方法が使われた。
- ➡建築方法は武家の住居に取り入れられ，畳を敷いて床の間を設けた書院造が誕生。
- 禅僧が中国からもたらした，墨一色で自然を描く水墨画が盛んになった。
- …禅僧の雪舟は数々の名作を残した。
- 鎌倉時代に栄西が伝えた茶を飲む習慣はこのころ広まり，茶の湯として流行した。
- …義政のころの文化を特に東山文化という。

■民衆に広まる文化

- 経済的に成長し，自治を行うようになった民衆に文化が広まった。
- 鎌倉時代におこった新しい仏教のうち，浄土真宗は蓮如の布教により北陸地方などで広まり，日蓮宗は京都や堺の町衆の間で広まった。
- 民衆の間で，節分・七夕などの行事や，盆踊りが行われるようになった。
- 「浦島太郎」や「ものぐさ太郎」などお伽草子とよばれる絵入りの物語も人気。
- 守護大名の上杉氏の保護のもと，下野（栃木県）の足利学校には，各地の僧や武士がおとずれ，儒学を学んだ。

教科書 p.87

表現 室町時代には，文化にどのような変化があったか説明しよう。

➡（例）足利義満の時代の北山文化は，公家と武家の文化が混ざり合った特色をもっていたが，その後の足利義政の時代の東山文化では，禅宗からの影響が強くなった。

3節をとらえる 民衆も力をつけ，社会や文化が変化した歴史の中で，特に重要だと考えるできごとや言葉を，下の「キーワードの例」も参考にして，教科書p.82〜87から一つ選ぼう。また，その理由を説明しよう。

➡（例）自治…経済の発展にともない，京都や堺で町衆による自治が行われることで，従来の貴族や武士が支配する社会や文化とは違った社会や文化が生まれたため。

1　Ⓐ武士　Ⓑ執権　Ⓒ仏教　Ⓓ元寇　Ⓔ建武　Ⓕ守護　Ⓖ勘合　Ⓗ自治　Ⓘ応仁　Ⓙ下剋上

2　平清盛…平治の乱，平氏の政治，日宋貿易　　源頼朝…鎌倉幕府の成立
　　北条政子…承久の乱　　栄西…禅宗，鎌倉文化
　　親鸞…鎌倉文化，一向一揆　　フビライ＝ハン…モンゴル帝国，元
　　後醍醐天皇…鎌倉幕府がほろぶ，建武の新政
　　足利義満…南北朝の統一，勘合貿易，金閣
　　武田信玄…戦国大名の領国支配，下剋上の風潮　　雪舟…水墨画，禅宗

3　a…⑥　b…⑦　c…②　d…③　e…⑨　f…④　g…①　h…⑧　i…⑤

4　（例）鎌倉幕府は，将軍が御家人に領地の保護や地頭への任命などの御恩を与えるのに対し，御家人は将軍に戦いに加わるなどの奉公でこたえるという封建制度を中心にしており，その中で御家人は領地で地頭として年貢を得るなどして，民衆を支配していた。

5　（例）中世には農業技術が発達し，収穫も増えた。その中で，農村文化も成熟し，祭りの際に田楽や猿楽が行われると，それらが能や狂言へと洗練されていった。

6　（例）政治…武士が台頭し，幕府を開いて政治を行う。やがて下剋上の風潮の中で，戦国大名が，支配をめぐって争い合う戦国時代となった。　　外国との関係…鎌倉時代は，宋との交流が，主に仏教に大きな影響を与えた。14世紀に入ると，倭寇の被害が朝鮮半島や中国で問題となり，その対応として日本と明の間で勘合貿易が行われるようになった。　　文化…鎌倉時代に宋から新しい仏教である禅宗が伝えられ，幕府の保護を受けて建築や美術などさまざまな分野に影響を与えた。また，民衆によって，現在まで伝わるさまざまな行事が行われるようになった。

7　（省略）

時代の変化に注目しよう！

❶足利義満。（例）都の中心地にある邸宅から，堀をめぐらせた城へと変化した。

❷（例）日本の経済が活発化し，銭の流通量が増えて，輸入銭だけでは足りなくなったことが予想される。

1節　結びつく世界との出会い

学習を始めよう　**近世の暮らしと社会**　　　　　（教p.96〜97）

（Q1）①大名が登城する場面。②外国からの使者が入城する場面。③大勢の人が橋の上を行き交う場面。幕府のお触れを人々に知らせる高札が掲げられた。材木の運搬もみられる。④店頭で売り買いがなされている場面。⑤俵が積まれて一時的に保管されている場面。

（Q2）（例）中世と比べて変わったのは，商売が立派な店舗でなされるようになったところ。変わっていないのは，荷物の運搬には，1頭だけの馬に直接背負わせたり，漕ぎ手が1人だけの小さな船を使ったりするなど，小規模な手段が使われているところ。

（Q3）（例）商人が力をつけ，経済が活発になったのではないか。

1 教会と『コーラン』の教え　中世のヨーロッパ世界とイスラム世界　（教p.98〜99）

■中世のヨーロッパとキリスト教

● 4世紀末，地中海地域を支配したローマ帝国は東西に分裂，5世紀に西ローマ帝国滅亡。
　…ローマ帝国の国教だったキリスト教は，教会や修道院を通してヨーロッパ各地に普及。
➡中世の西ヨーロッパ諸国は，**ローマ教皇**を首長とする**カトリック教会**と関係を強めた。
➡キリスト教を中心とする文化圏の形成。政治や人々の暮らしにも，教会の影響力。

■イスラム世界の発展

● 8世紀の中ごろ，イスラム世界は拡大し，中国（唐）やヨーロッパと接するように。
●交易が活発に行われ，都のバグダッドは人口150万をこえる国際都市になった。
●イスラム世界では，9世紀ごろまでに『コーラン』を基にしたイスラム法が整えられ，指導者はそれに基づいて政治を行った。
●広大な地域に進出したイスラム世界では，古代のオリエント，ギリシャ，インド，中国などの文化を取り入れ，それをイスラム教のもとにまとめた高度な文化が発達した。
●インドから取り入れた数字をもとにアラビア数字をつくり，中国から伝わった羅針盤・火薬・製紙や，印刷の技術を改良した。➡後にヨーロッパに伝わり，影響を与えた。

■十字軍

- 11世紀ごろ，西ヨーロッパでは農業技術が向上し，商業や手工業が発達した。
- イタリアの都市では，ビザンツ帝国（東ローマ帝国）やイスラム世界との遠隔地貿易が盛んになった。
- イスラム勢力との関係に緊張。
- …当時のキリスト教徒にとって聖地巡礼は重要。しかし11世紀末，キリスト教の聖地であるエルサレムが，イスラム勢力の支配下に入った。
- ➡ローマ教皇は，エルサレムからイスラム勢力を追い払うため，**十字軍の派遣**を呼びかけた。これ以後，200年にわたり東地中海沿岸に十字軍がたびたび送られ，キリスト教とイスラム教の対立が続いた。

教科書 p.99

（確認）十字軍が派遣された目的を確かめよう。
➡キリスト教の聖地としてエルサレムからイスラム勢力を追い払うため。
（表現）中世のヨーロッパ世界とイスラム世界は，どのようにかかわっていたか説明しよう。
➡（例）十字軍のような対立も見られたが，交易は盛んに行われ，イスラム世界からヨーロッパ世界に高度な文化や科学が導入された。

2　中世からの脱却 ルネサンスと宗教改革　（教p.100〜101）

■ルネサンス

- 14世紀ごろ，貿易で栄えたイタリアの都市で，神を中心とするカトリック教会の考え方にとらわれない，人間らしい個性や自由を求める新しい文化がおこった。
- …古代ギリシャやローマの文化を模範として復興させようとしたので，**ルネサンス**（文芸復興）とよばれ，16世紀にかけてヨーロッパ各地に広まった。
- ルネサンスは，**レオナルド=ダ=ビンチ**やミケランジェロなどの芸術家を多く生み出したが，科学技術の発達にも大きな影響を与えた。
- …実験や観察によって現実の世界をとらえようとする考え方が強まる。
- ➡天文学では，教会が支持する天動説に対して，コペルニクスやガリレイらが地動説を唱えるようになった。

■宗教改革

- 16世紀初め，カトリック教会の腐敗を正そうとする宗教家たちが，**宗教改革**を開始。
- ドイツのルターは，教会が資金集めのために免罪符（贖宥状）を販売することを認めたローマ教皇を批判。
- …聖書に基づいた信仰の大切さを唱えて，ドイツや北ヨーロッパで多くの支持。
- スイスのカルバンは，神の救いを信じて職業にはげむことを主張。勤労によって得る富を認め，商工業者に広く受け入れられた。
- ➡宗教改革の支持者は，カトリック教会から離れ，**プロテスタント**（抗議する者）に。

■広がるイスラム世界

- このころ，地中海の東から東南アジアにかけては，イスラム教徒の支配。

- …13世紀末にトルコの地域でおこったオスマン帝国と，16世紀初めに北インドでおこったムガル帝国が，特に繁栄した。

- オスマン帝国は，15世紀の中ごろにビザンツ帝国をほろぼし，ヨーロッパのハンガリーから北アフリカにまたがる広大な領土を築いた。

- イスラム商人は，インド洋を中心にイスラム世界を行き来し，貿易を盛んにした。

【歴史の技】教p.101
絵・風刺画を読み解こう

〈Q1〉（例）左側はカトリックの聖職者や冠，天国への鍵など。右側は聖書のみ。これは，カトリックは，聖職者の権力に依存し，天国へ行くことを保証するというさまざまな道具を用いて人々を支配してきたが，その価値は1冊の聖書に及ばないということを表している。

〈Q2〉（例）人々に聖書を重視することの大事さを分かりやすく伝えるため。

> **教科書 p.101**
>
> （確認）ルネサンスのころに発達した科学技術を二つあげよう。
>
> ➡（例）物理学，天文学
>
> （表現）ルネサンスや宗教改革は，それぞれ何を目ざしていたのか説明しよう。
>
> ➡（例）ルネサンスは，従来の神中心のカトリック教会の考え方にとらわれず，人間らしい個性や自由を芸術の中心におくことを目ざした。宗教改革は，免罪符の購入によって神の救いが得られるとしたカトリック教会に対し，本当の神の救いとは聖書や日々の勤労で得られるとし，地位や貧富によらない神の教えの実践を目ざした。

3　太陽の沈まない国　ヨーロッパ人の大航海　（教p.102〜103）

■新航路の開拓

- ヨーロッパでは，香辛料などのアジアの特産物は，遠隔地貿易を通じるため，高価。

- ➡15世紀，「地球は丸い」という考えに基づいて，海路で直接アジアと貿易しようとする動き。

- …特に，イスラム勢力を国土から追い出したばかりのポルトガルとスペインは，貿易だけでなく，キリスト教を広めるために新たな航路の開拓を競い合った。

- 1492年，スペインの援助を受けた**コロンブス**の船隊は，インドを目ざして大西洋を西へ進み，アメリカ大陸付近の島に到着。

- 1498年，ポルトガルの**バスコ＝ダ＝ガマ**は，大西洋を南下し，アフリカ南端を回ってインドに着く航路を発見。

- 1522年，**マゼラン**の率いるスペインの船隊が，世界一周を達成し，地球は丸いことが確かめられた。

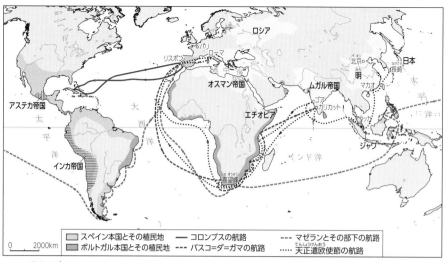

▲16世紀ごろの世界

（地図凡例）
スペイン本国とその植民地　──コロンブスの航路　‐‐‐マゼランとその部下の航路
ポルトガル本国とその植民地　‐‐‐バスコ＝ダ＝ガマの航路　……天正遣欧使節の航路

0　2000km

■ヨーロッパ諸国の世界進出

● 新たな航路が開かれ，ポルトガルは，インドのゴアや東南アジアのマラッカを占領。香辛料を中心としたアジアとの貿易を開始。

● スペインは，独自の文明があった南北アメリカ大陸に進出し，これを征服。金・銀の採掘を進めた。

➡ ポルトガルとスペインは，世界各地に植民地を築き，莫大な利益をあげた。

● また，ポルトガルとスペインは，プロテスタントの宗教改革に対抗して，カトリック教会を支援した。

➡ カトリック系の**イエズス会**などが，宣教師を送り出し，アジアや中南アメリカで活発に布教活動を行った。

● しかし，17世紀に入るころ，ヨーロッパでは，プロテスタントが優勢なオランダがスペインから独立。

➡ 経済力を強め，アジアに進出。東インド会社をつくり，インドネシアのジャワを根拠地にして，東アジアでの貿易の実権を握った。

教科書
p.103

（確認）ヨーロッパ人が，アジアを目ざした理由を二つあげよう。

➡ 香辛料などを直接貿易するため。カトリックの布教のため。

（表現）ヨーロッパの国々が世界各地に進出したことは，どのような影響をもたらしたか話し合おう。

➡（例）ヨーロッパの国にとっては，世界中の富が集まるようになった。一方，植民地となった地域にとっては，ヨーロッパの文化やキリスト教がもたらされた反面，従来の文化や宗教，それに基づく社会集団や国が破壊された。植民地の人々は労働力として酷使され，人口を著しく減らし，文化的，経済的な停滞がもたらされた。それらは現在の先進国と発展途上国の間にある格差の問題のきっかけとなった。

■**鉄砲の伝来**

● 16世紀前半，東アジアの海では，中国・琉球・東南アジアなどの人々が貿易。

➡ ゴアやマラッカを根拠地にしたポルトガルは，貿易の場を利用して，東アジアに進出。

● 1543年，中国の商船に乗って，種子島（鹿児島県）に流れ着いたポルトガル人が，日本に鉄砲を伝えた。

➡ 鉄砲はすぐに各地の戦国大名に伝えられ，堺（大阪府）や国友（滋賀県）などで，刀鍛冶の職人によって鉄砲が盛んにつくられた。

➡ 鉄砲が広まると，合戦で足軽の鉄砲隊が活躍。城づくりも鉄砲に備えたものになった。

■**キリスト教の伝来**

● 1549年，イエズス会の宣教師**フランシスコ＝ザビエル**が鹿児島に上陸，日本にキリスト教を伝えた。山口や府内（大分県）で布教。

➡ その後，イエズス会の宣教師が次々と貿易船で来航，大名の許可を得て領内で布教。

● 宣教師は，教会だけでなく，民衆のために学校や病院，孤児院などを建て，西日本を中心にキリスト教の信者（キリシタン）が急速に増えた。

● 戦国大名のなかにも，貿易の利益を期待して，信者になる者が現れた（キリシタン大名）。

…キリシタン大名の一人である九州の大村氏は，長崎を開港してイエズス会に寄進したため，長崎は布教と貿易の中心となった。

● 1582年，宣教師の勧めで，キリシタン大名の大友・大村・有馬の3氏が，4人の少年使節をローマ教皇のもとに派遣した（天正遣欧使節）。

■**南蛮貿易**

● 16世紀後半，ポルトガルやスペインの商船が，長崎や平戸（長崎県）などに来航，貿易が盛んに行われた。

● 南蛮人とよばれたポルトガル人やスペイン人は，中国産の生糸や絹織物を中心に，鉄砲・火薬・ガラス製品などをもたらし，日本からは大量の銀を持ち帰った。＝南蛮貿易

教科書
p.105

　表現　戦国大名が，鉄砲やキリスト教に着目したわけを説明しよう。

➡ 鉄砲については戦を有利に進める兵器として，キリスト教については南蛮貿易の利益を得ようとして，それぞれ着目した。

　1節をとらえる　ヨーロッパ人と日本が結びついた歴史の中で，特に重要だと考えるできごとや言葉を，下の「キーワードの例」も参考にして，教科書p.98〜105から一つ選ぼう。また，その理由を説明しよう。

➡ （例）南蛮貿易…貿易による利益を求めて，大名たちは積極的にヨーロッパ文化を受け入れ，日本に影響をおよぼしたから。

2節　天下統一への歩み

5　天下統一を目ざして　織田信長と豊臣秀吉

(教p.108〜109)

■信長の台頭と室町幕府の滅亡

● 16世紀後半，戦国大名のなかに，都へ上って全国支配を目ざす動きが現れた。
　〔織田信長〕…尾張（愛知県）の大名。
● 駿河（静岡県）の今川義元を桶狭間（愛知県）の戦いで破って勢力を強めた。
● その後，京都に入り，足利義昭を室町幕府の将軍にした。
➡ 義昭と対立した信長は，1573年，義昭を京都から追放し，室町幕府をほろぼした。
● 長篠（愛知県）の戦いでは，鉄砲を活用した戦法で，有力大名の甲斐（山梨県）の武田勝頼を破った。
● また，仏教勢力に対しては，比叡山の延暦寺を焼き討ちにし，各地の一向一揆と戦って，大阪の本願寺を降伏させた。
…武力による天下統一を目ざした。

■信長の政治

● 信長は，安土（滋賀県）に壮大な城を築き，天下統一の拠点にした。
● 城下町では，座の特権を取り上げ，商人には，市の税を免除した。
…自由な営業を認めて，商工業の発展をうながす。＝楽市・楽座
● 物資や兵力を輸送しやすいように道路を整備し，各地の関所を廃止。
● 信長は，征服した土地の検地を行って軍役を課したほか，自治を行う堺や京都の豪商に対して，軍用金を要求した。
➡ 荘園や座の支配を通じて利益を得てきた公家や寺院の力はおとろえた。
● 日本の中心部をほぼ統一した信長は，1582年，中国地方の毛利氏を討つために出陣。
➡ しかし，家臣の明智光秀に背かれて，京都の本能寺で自害した。

■秀吉の天下統一

〔豊臣秀吉〕…本能寺の変後，すぐに光秀を倒し，信長の後継者となった。
● その後，巨大な大阪城を築き，全国統一事業を進めた。
● 秀吉は，朝廷から関白に任じられると，天皇の権威も利用して，大名どうしの領土争いを禁じる命令を出した。
● さらに徳川家康を家臣に従え，反抗した九州の島津氏を降伏させた。
● 1590年には，関東を支配する北条氏をほろぼし，奥州（東北地方）も服従させ，天下統一を実現した。
● 秀吉は，堺・博多・長崎などの貿易都市や，石見銀山（島根県）などの鉱山も支配し，その利益によって権力を強めた。

❶ （省略）

❷ （例）琵琶湖に面し，京都にも近いなど交通の便が良く，城下町が都市として大きく発展することが見込まれたから。

❸ （例）本願寺…信長が屈伏させたのち，後継者である秀吉がその遺志を受け継ぎ，一向一揆は徹底して鎮圧するということをアピールさせたかったため。

教科書
p.109

確認　信長に対抗した勢力を，五つあげよう。

➡（例）今川義元，足利義昭，武田勝頼，比叡山の延暦寺，大阪の本願寺

表現　信長は，公家や寺院，自治都市の力をおさえるために，どのような政策を行ったか説明しよう。

➡（例）征服した土地に検地を行って，軍役を課したため，荘園から収入が得られなくなり，公家や寺院は没落した。また，堺や京都などの自治都市に軍用金の供出を命じ，背いた場合は自治権を奪うなどして，勢力をそいでいった。

6　近世社会への幕開け　豊臣秀吉の政治　　（教p.110〜111）

■太閤検地と刀狩

● 秀吉は，支配した地域の土地を，村ごとに検地させた。＝太閤検地

● 「ものさし」の長さや，「ます」の大きさを統一して，田畑の面積や土地のよしあしを調べ，生産量を石高で表した。

● 実際にその土地を耕作している農民を本百姓とし，名前と調査の結果を検地帳に記録。

➡ 百姓は耕作の権利が保障されるかわりに，石高に応じた年貢を納める責任を負い，土地を勝手に離れられなくなった。

● 一方で，武士は，与えられた領地の石高に応じて軍役を負担。

➡ 荘園の領主である公家や寺社などは，土地の権利を失った。

● 秀吉は，百姓が一揆をおこさないように，百姓から刀・やりなどの武器を取り上げた。＝刀狩

● 百姓が田畑を捨てて町人（商人や職人）になることや，武士が百姓や町人になることを禁じて，身分の区別をはっきりさせた。

● 武士は，城下町に集められ，その生活を支える町人が町に，百姓は村に住むことになった。

…武士と百姓を区別する兵農分離が進められ，武士が強い支配権をもつ近世社会の基礎が築かれた。

■秀吉の外交と朝鮮侵略

- 秀吉は，長崎が教会領としてイエズス会に寄進されていたと知り，キリスト教が全国統一のさまたげになると考えた。

➡ 宣教師（バテレン）の国外追放を命令。布教と貿易は別として，南蛮船の来航は歓迎。倭寇も取りしまった。

- 一方，明やインドなどの征服も計画し始め，朝鮮に対して日本への服従と協力を求めた。

➡ これを拒否され，1592年，約15万の大軍を朝鮮に送った（文禄の役）。

- 加藤清正，小西行長らが率いる日本軍は，首都の漢城（現在のソウル）などを占領したが，義兵とよばれる民衆の抵抗や，李舜臣の率いる水軍，明の援軍の反撃があり休戦。

- 明との講和交渉は失敗。➡ 秀吉は再び出兵を命じたが，日本軍は苦戦におちいり，秀吉の病死をきっかけに全軍が撤退（慶長の役）。

- ７年にわたる戦いで，朝鮮の土地は荒れ，多くの人々が命をうばわれたり，日本に連れてこられたりした。

- 日本でも，戦費などの重い負担に武士や民衆が苦しみ，大名の不満も高まって，豊臣政権の没落を早めた。

> **教科書 p.111**
>
> （確認）秀吉が，百姓に対して行った政策を二つあげよう。
> ➡ 太閤検地，刀狩
> （表現）秀吉が，兵農分離を進めた目的は何か説明しよう。
> ➡ （例）武士に強い支配権をもたせるため。

7　城と茶の湯　南蛮文化と桃山文化　（教p.112～113）

■桃山文化

- 信長・秀吉の時代，権力や富をほこった戦国大名や都市の豪商たちの気風を反映して，豪華で力強い文化が誕生。

… 安土城や姫路城など，雄壮な天守閣がそびえる城が代表的。

- 城内の書院造の広間は，狩野永徳，狩野山楽，長谷川等伯らが描いたはなやかな屏風絵やふすま絵，精巧な彫り物で飾られた。

- 水墨画も東山文化に引き続き，盛んに描かれた。

- 一方で，騒がしさを離れ，深い味わいを求める能楽や茶の湯も盛んになった。

… 大名や豪商たちは，茶会を開いて交流を深め，秀吉に仕えた千利休は，小さな茶室で向き合う侘び茶を大成させた。

- 茶器も工夫され，造園や生け花が活発になった。

- このころに発達した文化を，秀吉が築いた伏見城（京都府）辺りの後の地名にちなみ，桃山文化という。

■海外から流入する文化

- キリスト教の布教や南蛮貿易が盛んになるにつれて，ヨーロッパから新たな文化が流入。
- 宣教師たちは，活版印刷機を使い，布教用の本などをローマ字で印刷した。
- …医学・天文学，航海術，西洋画の技法なども伝え，日本人の世界の見方に影響を与えた。
- ポルトガルやスペインの商人も，パンやカステラ，カルタ，眼鏡，時計などの珍しい品々をもたらした。
- …宣教師や商人がもたらした文化を，**南蛮文化**という。
- 一方，東アジアからも文化が流入。
- 朝鮮の陶工によって，有田焼・薩摩焼・萩焼などがつくられるようになった。
- 中国の三弦とよばれる楽器が琉球に入って三線に。➡日本に伝わり三味線となった。
- …三味線は，近世の音楽を支える楽器。
- そろばんも，このころ中国から伝わり，近世には広く使われる計算用具になった。

■民衆の文化

- 乱世の暮らしは不安定だったが，民衆は現世を楽しみ，生きる喜びを表そうとしたことから，社会に開放的な風潮が強まった。
- 衣服は，彩りが豊かで活動的な小袖が広まり，麻に代わる衣料として木綿が使われ始めた。
- 小唄や踊りが盛んになり，出雲（島根県）の阿国が，京都でかぶき踊りを始めた。
- ➡演劇の歌舞伎に成長。
- 三味線に合わせて語る浄瑠璃も人気をよび，やがて人形芝居と結びつき，人形浄瑠璃に成長。

教科書 p.113

（表現） 桃山文化の特色について，「戦国大名，豪華，茶の湯」の用語を使って説明しよう。

➡ （例）戦国大名の気風を反映して豪華なものが好まれた一方，大名の社交に使われた茶の湯などにみられる，深い味わいも好まれる文化であった。

（2節をとらえる） 信長・秀吉が全国統一の事業を進めた歴史の中で，特に重要だと考えるできごとや言葉を，下の「キーワードの例」も参考にして，教科書p.108～113から一つ選ぼう。また，その理由を説明しよう。

➡ （例）兵農分離…身分を固定し社会を安定させることで，下剋上などに代表される戦国時代の風潮がすたれ，新しい時代の社会制度の基礎につながっていったから。

3節　幕藩体制の確立と鎖国

8 泰平の世の土台づくり　江戸幕府の成立と幕藩体制 （教p.114〜115）

■江戸幕府の成立

●豊臣秀吉の死後，関東を領地としていた徳川家康が，政治を動かすようになった。

➡1600年，豊臣政権を守ろうとした石田三成らを，関ヶ原（岐阜県）の戦いで破り，豊臣方についた大名の領地を没収した。

●家康は，1603年，征夷大将軍に任命されて江戸幕府を開いた。

➡まもなく将軍職を子の秀忠にゆずり，徳川氏が代々将軍になることを示した。

●大阪城を攻めて豊臣氏をほろぼし，徳川氏の全国支配を確立した。

…江戸に幕府がおかれた260年あまりを，江戸時代という。

■幕府の全国支配

●幕府は，直接の支配地と，将軍直属の家臣である旗本・御家人の領地を合わせ，全国の約4分の1にあたる約700万石の土地を支配した。

●江戸，京都，大阪，奈良，長崎などの重要な都市や，主な鉱山を直接支配し，貨幣の発行権を握った。

●東海道などの五街道を整え，関所や宿駅を設け，交通や通信を統制した。

●将軍に従い，1万石以上の領地を与えられた武士である大名は，領内の民衆を家臣に支配させた。

…この領地と支配のしくみを藩といい，幕府と藩が全国の土地と民衆を支配するしくみを，幕藩体制という。

●幕府は，大名を，徳川氏の一族である親藩，古くからの家臣である譜代大名，関ヶ原の戦いのころから従うようになった外様大名に分けて全国に配置した。

…大がかりな領地替えを進め，大名が領地で力を蓄えないようにし，ときに藩を取りつぶすこともあった。

●幕府のしくみは，3代将軍の徳川家光のころに整い，将軍のもとで老中や若年寄，各種の奉行などが，職務を分担した。

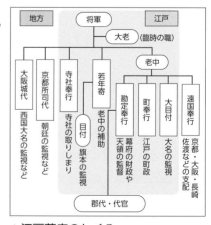

▲江戸幕府のしくみ

■大名や朝廷の統制

●幕府は，大名の反抗を警戒し，**武家諸法度**を定め，大名の築城や結婚などに規制を設けて統制した。

●家光のころに**参勤交代**の制度をつくり，大名に対して，１年おきに江戸に滞在して江戸城を守る役割を命じた。妻子は江戸に住まわせた。

…大名は，江戸での生活費や，領地との往復の費用がかさみ，幕府から江戸城の修築や河川の修復などの土木工事も命じられた。

➡藩の財政は苦しくなった。

●幕府は，天皇と公家に対しても法度を定め，天皇の第一の仕事が学問であることを強調し，朝廷を監視する役職もおいて，政治力をもたせないようにした。

教科書
p.115

【確認】　江戸幕府が，大名に対して行った政策を三つあげよう。

➡武家諸法度による統制，参勤交代の実施，江戸城や河川の修繕

【表現】　江戸幕府が，強大な力をもつようになったのはなぜか説明しよう。

➡（例）軍事や経済の面で他の大名を圧倒し，さらに他の大名や公家の行動を規則を設けて制限し，違反すれば厳罰に処するなど，支配を徹底したため。

読み解こう　教p.117

❶（省略）

❷（例）会津から江戸までの道のりをおよそ250kmとすると，６日の行程では１日およそ42km歩いたことになる。

❸（例）左右中央の「御駕」が大名。人々は，鉄砲・弓・槍といった武器，雨具や荷物などを持っているのが見て取れる。

❹（例）大名に出費をさせ，藩内で蓄えをもたせないようにし，将軍の権威を保つため。

9 東南アジアに広がる日本町 キリスト教と海外への行き来の禁止 (教p.118〜119)

■朱印船貿易と日本町

- 徳川家康は，日本の商船に，海外へ渡ることを許可する**朱印状**を与え，貿易を勧めた。
- また，東南アジアの国々に対しても，朱印状をもつ船（朱印船）の保護を求めた。
- ➡西日本の大名や京都・堺・長崎などの豪商は，ベトナムやタイなどに朱印船を送り貿易。
- **朱印船貿易**が盛んになると，東南アジアに移り住む日本人も増え，**日本町**ができた。
- 朱印船が訪れる地域では，中国・イギリス・オランダなどの商船が活動。
- …中国産の生糸や絹織物，日本の銀，各地の産物を取り引きして利益を上げた。
- ➡日本でも，オランダとイギリスが平戸（長崎県）に商館を開き，貿易を開始。

■禁教と貿易の制限

- 海外との行き来が活発になると，キリスト教の信者（キリシタン）は増加。
- …当初家康は，貿易の利益のために，キリスト教を黙認。
- ➡しかし，ヨーロッパの植民地となることや，キリシタンが幕府の支配に抵抗することを恐れ，1612年，キリスト教を禁じる禁教令を出し，宣教師を国外追放。
- ヨーロッパ船が来航する港を，長崎と平戸に制限。
- ➡その後，3代将軍徳川家光は禁教を強化するため，スペイン船の来航を禁止し，1635年には，日本人が海外へ渡ることを禁止。

■島原・天草一揆と鎖国

- キリシタンの多かった島原（長崎県）と天草（熊本県）で，新たな領主が，飢饉に苦しむ領民に重い年貢を課したうえ，キリシタンを弾圧。
- ➡1637年，領民などが，天草四郎を大将にして一揆を起こした（**島原・天草一揆**）。
- 一揆の鎮圧後，幕府は，絵踏でキリシタンを見つけ出し，宗門改めによって，人々が仏教徒であることを寺院に証明させ，キリスト教禁止を徹底。
- 1639年に，ポルトガル船の来航を禁止し，次いで，オランダ商館を長崎の**出島**に移した。
- ➡幕府の貿易相手は中国とオランダに限られた。
- 日本人の海外渡航を禁止し，外国との貿易を制限した状態を，のちに「鎖国」とよぶ。
- …幕府は，長崎での貿易と海外の情報を独占。

読み解こう 教p.119

❶ 上からスペイン，ポルトガル，オランダ
❷ （例）これらの国は，貿易と同時にキリスト教の布教を行わないとみなされたから。

教科書 p.119

確認 江戸幕府が，貿易を制限するようになった理由を確かめよう。

➡ （例）海外との貿易にともない，キリスト教が普及することで，幕府の統治が困難になると考えたから。

表現 前の時間の学習と合わせ，江戸幕府の政治について，中世の武家政治と大きく異なる点は何か説明しよう。

➡ （例）中世の武家政治では，多くの武士には領民と領地を支配する権限が与えられ，その範囲では自治が認められていた。一方，江戸幕府の政治では，藩主も含め武士は幕府の方針にしたがって行動せねばならず，幕府による全国支配が確立していた。

■「鎖国」のもとで開かれた窓口

● 幕府の貿易統制で，日本は「鎖国」状態だったが，完全に閉ざしていたわけではない。

…長崎・薩摩（鹿児島県）・対馬（長崎県）・松前（北海道）の「四つの口」を通じて，オランダ・中国・琉球（沖縄県）・朝鮮・蝦夷地（北海道）とつながっていた。

■中国・オランダと長崎

● 中国では，17世紀中ごろ，女真（満州）族が明をほろぼし，清を建国。

…朝鮮や琉球は清に朝貢したが，日本と清の正式な国交は開かれなかった。

● 日本の商船が中国へ行くことはできなかったが，中国の商人が長崎に来て貿易。

…長崎には，中国人が住む唐人屋敷が設けられた。

● 幕府は，ヨーロッパの国の中で，キリスト教を布教しないオランダのみ貿易を認めた。

…オランダ船は長崎に来航し，出島に設けられたオランダ商館で貿易。

● 出島は幕府に厳しく監視されたため，オランダ人と日本人の自由な交流はなかった。

…オランダ商館長は毎年江戸を訪れ，将軍に面会して贈り物を献上。

● 長崎には，海外の新たな文物がもたらされたので，各地から多くの学者が訪れた。

● 幕府は，中国船には唐船風説書を，オランダ商館長にはオランダ風説書を提出させて世界のできごとを報告させ，その情報を独占した。

■朝鮮と対馬藩

● 豊臣秀吉の朝鮮侵略以来，朝鮮との国交はとぎれていた。

➡ 徳川家康は，対馬藩の宗氏に仲立ちを命じ，17世紀初めに国交を回復させた。

…これ以降，対馬藩は朝鮮との外交・貿易を独占的に担い，対馬藩以外の日本人が朝鮮へ渡ることはできなかった。

● 貿易は，朝鮮の釜山に設けられた倭館で行い，木綿や生糸，朝鮮人参などが輸入された。対馬は農業に不向きだったので，朝鮮からは，米や豆を得ていた。

● 朝鮮からは，将軍の代替わりごとに通信使が派遣され，宗氏の案内で江戸を訪れた。

…数百人からなる朝鮮通信使は，江戸時代に計12回派遣され，経費は幕府や藩が支出。

● 通信使の中には学者もおり，江戸や各地で日本の学者と交流。

● 通信使の行列は，人々に，将軍の権威が朝鮮にも及んでいるように印象づけた。

教科書 p.121

確認　「鎖国」のもとで，窓口となっていたのはどこか確かめよう。

➡長崎，薩摩，対馬，松前

表現　中国・オランダ・朝鮮と日本の関係について，どのような共通点と違いがあるか説明しよう。

➡（例）共通点は，外交や貿易が，限定的な場所や人で行われたことである。違いとしては貿易の場所があげられ，中国は唐人屋敷で，オランダは出島で，朝鮮は釜山の倭館で，それぞれ行われた。規模も違い，中国との貿易に比べ，オランダとの貿易は小規模であった。

■琉球王国と薩摩藩

- ●琉球王国は，豊臣秀吉の朝鮮出兵への協力を避けたため，日本との関係が一時とぎれた。
- ●1609年，薩摩藩の島津氏が，江戸幕府の許可を得て琉球を武力で征服。
- …薩摩藩は検地を実施して石高を決定。役人をおいて琉球の政治や外交を監督。年貢として米や砂糖などを納めさせた。
- ●一方で，琉球は独立した国として明や清に朝貢を続け，貿易を行った。
- …日本において琉球との交易を独占していた薩摩藩は，この貿易に関わり，中国からの輸入品を入手するなどの利益を上げた。
- ●琉球は幕府に対して，将軍や琉球国王の代替わりごとに江戸へ使節を送った。
- …薩摩藩は，使節の道具を中国風にさせ，また使者は中国風の服装をしていたため，使節を見た人々に，幕府と薩摩藩の権威が琉球・東アジアにまで及んでいると印象づけた。
- ●琉球は，薩摩藩を受け入れる一方，先島諸島などへの支配を強め，国王を中心とする身分制度や国家体制を確立した。また，琉球独自の文化を発展させ，自立の誇りとした。

■アイヌ民族と松前藩

- ●アイヌ民族は，蝦夷地（北海道）や千島列島，樺太，中国を中心に，狩りや漁で得た海産物や，ラッコの毛皮などの交易を行っていた。
- ●アイヌの人たちは，コタン（集落）をつくっていたが，国家はつくらなかった。
- ●蝦夷地には，アイヌの人たちが暮らしていたが，和人の住む和人地も設けられた。
- ●渡島半島の南部を支配していた蠣崎氏は，秀吉の朝鮮出兵で肥前（佐賀県）の名護屋へ出陣。このとき，蝦夷地の支配とアイヌの人たちとの交易を独占する権利を得た。
- ➡その後，蠣崎氏は松前氏と改姓，江戸幕府からも交易の独占を認められた。
- ●松前藩では米がとれないため，家臣に交易権を与え，交易の利益を収入とした。
- …この交易で，アイヌの人々は，鮭や昆布，毛皮などと，米や木綿の着物などを交換。
- ➡不利な交易を強いられたアイヌの人たちは，1669年にシャクシャインを指導者として蜂起したが，松前藩との戦いに敗れ，さらに厳しく支配されるように。
- ●18世紀には，松前藩の交易は商人が担ったため，アイヌの人たちの生活はさらに圧迫された。

教科書 p.123

（確認） 琉球王国と薩摩藩，アイヌの人たちと松前藩がどのような関係にあったか確かめよう。

➡（例）琉球王国は，江戸時代の初めに薩摩藩の征服を受け，外交や貿易に薩摩藩が関与するようになった。アイヌの人々は，江戸幕府に交易の独占を認められた松前藩と交易を行うが，不利な交易を強いられ，対立した。その後の商人との交易になると，さらに生活は圧迫された。

（表現） 前の時間の学習も振り返って，江戸時代の日本が，世界とどのように結びついていたか説明しよう。

➡（例）江戸時代には長崎・薩摩・対馬・松前を通じて，それぞれオランダ・中国・琉球・朝鮮・蝦夷地と交易が行われた。

■武士と百姓・町人

●江戸幕府は，豊臣秀吉の兵農分離をもとに，人々を武士と百姓（農民など）・町人（商人・職人）の身分に分け，身分の上下を強めた。

●武士は，多数の民衆を支配する高い身分とされた。

…名字を名のること，刀を差すこと（帯刀）などの特権を与えられた。

●同じ武士でも，将軍から足軽まで，身分の上下が厳しく分けられた。

●身分や家柄による役職や住居，衣服などが決められ，身分は，家の長男に受け継がれた。

➡身分制のしくみは，民衆の間にも広まり，「家」の制度が重んじられるようになった。

■村に住む人々の暮らし

●人口の大部分を占める百姓は，村に住んだ。

●土地をもち年貢を納める本百姓と，土地をもたない水呑百姓に分かれていた。

●村の生活は自給自足に近く，肥料・燃料をとる林野や農業用水は共同で利用。田植えや祭りなども協力し合って行う。

●幕府や藩は，有力な本百姓を名主（庄屋）・組頭・百姓代などの村役人とし，年貢の納入や村の運営にあたらせた。

●年貢を安定して取るため，土地の売買は禁止され，衣食などの生活も規制された。

●5～6戸で**五人組**を組織させ，年貢の未納や犯罪には連帯で責任を負わせた。

■町に住む人々の暮らし

●江戸・大阪・京都や城下町には，家をもち税を納める町人と，家を借りて日雇いなどで働く人々が住んでいた。

●町人は，業種ごとに住むことが多く，そのなかから町役人が選ばれ，町奉行のもとで町の運営にあたった。

●町人の負担は百姓に比べて軽く，商売に成功して大きな富を蓄える者も現れた。

●商人や職人の家には，奉公人や徒弟が年少時から住み込みで働き，独立を目ざした。

■身分による差別

●民衆には，百姓・町人とは別に，えた・ひにんなどの身分とされた人々がいた。

…幕府や藩の役人のもとで犯罪者の取りしまりや処刑を行ったり，芸能に従事した。

●えたの身分のなかには，農業を営んで年貢を納める者も多く，死んだ牛馬を処理する権利をもち，その皮革を加工する仕事や，履物づくりなどの仕事に従事する者もいた。

●これらの人々は，社会を支えていたが，さまざまな差別を受けた。

…住む場所や服装，ほかの身分の人々との交際などを制限された。また，差別は，幕府や藩の支配に都合よく利用されて徐々に強められた。

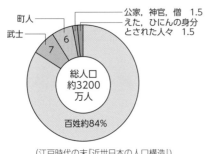

公家，神官，僧 1.5
えた，ひにんの身分
とされた人々 1.5

町人

武士

総人口
約3200
万人

百姓約84%

（江戸時代の末『近世日本の人口構造』）

▲身分別の人口の割合

```
一、衣類は，麻布・木綿だけを着ること。
  衣類を紫や紅梅に染めてはならない。
一、食物は雑穀を食べ，米はむやみに食べ
  ないように。
一、たばこの栽培や，田畑の売買をしては
  ならない。
```

▲百姓に対する法令

教科書 p.125

表現　身分制度は，幕府が人々を支配するうえで，どのような役割を果たしたか説明しよう。

➡（例）細かく身分を分けて人々を連帯しにくくし，また身分を固定して下剋上の風潮も失わせることで，幕府への反抗をおさえる役割を果たした。

3節をとらえる　江戸幕府が全国の支配を確立した歴史の中で，特に重要だと考えるできごとや言葉を，下の「キーワードの例」も参考にして，教科書p.114〜125から一つ選ぼう。また，その理由を説明しよう。

➡（例）幕藩体制…強大な力をもつ幕府が，他の藩を従える体制に加えて，流通や宗教までも全国的に統制することで，中央集権的な支配を可能にしたから。

第4章　近世の日本と世界

4節　経済の成長と幕政の改革

13　将軍のおひざもと，天下の台所　経済の発達と都市の繁栄　（教p.126〜127）

■新田開発と農業

●幕府や藩の年貢の増収や，百姓の生活の向上を目的として，沼地を干拓するなどして，新田開発が進んだ。

…開発を請け負う町人も現れ，耕地面積は広がったが，開発のしすぎで洪水も起こった。

●近畿地方の進んだ農業技術が，農法を記した農書の出版で各地に広まった。

●農具では，田畑を深く耕せる鉄製の備中ぐわや，千歯こき，唐箕が使われるように。

●肥料は，糞尿や草木灰のほかに，干鰯や油粕などを購入して用いるように。

➡作業の能率や生産量が上がっていった。

■産業と流通の発達

●建築の資材や紙，燃料の需要が増えたため，林業が盛んになった。

…木を伐採し，加工する道具や技術が改良されて，材木や薪・炭を扱う商人が増えた。

●水産業では，漁網などの改良で漁獲量が増え，網元による大規模な漁が行われた。

…九十九里浜（千葉県）のいわし漁，土佐（高知県）や紀伊（和歌山県）のかつお・くじら漁，蝦夷地の鮭・にしん漁などが盛んに。魚は肥料や油の原料としても利用された。

54

●塩田による塩の生産も発達。

●主に関西でつくられていたしょう油は，関東でも大量生産が始まった。

●各地の鉱山の開発も進み，幕府は，江戸に設けた金座・銀座などで，金貨・銀貨・銭
（銅）貨をつくって全国に流通させた。

●年貢米は，幕府や藩の財政を支える重要な商品として，大阪や江戸に送られた。

●水上の輸送路として，江戸・大阪間のほか，日本海側から江戸・大阪へ運ぶ東まわり航
路や西まわり航路も開かれ，米や酒，油などの重い荷や各地の特産物が廻船で運ばれた。

●綿・菜種・藍などの栽培が各地に広まり，養蚕・織物業が盛んになると，輸送で人や物
が行き交い，街道がにぎわった。

■にぎわう都市

●商業や交通が発達すると，城下町・港町・宿場町・門前町などがにぎわった。

…なかでも大きく発展した江戸・大阪・京都は三都とよばれた。

●江戸は，政治の中心地として「将軍のおひざもと」とよばれ，18世紀の初めには人口
100万人をこえた。

●大阪は，商業の中心地として「天下の台所」とよばれ，各藩の蔵屋敷に運び込まれた年
貢米や特産物の取り引きで発展した。

●京都は，伝統ある文化の中心地で，西陣織などの高度な手工業が発達した。

●都市では，問屋・仲買などの商人が力を強め，同業者ごとに株仲間をつくって，幕府に
営業税を納めるかわりに営業の独占を許され，大きな利益を上げた。

●三都を中心に金・銀・銭の貨幣を交換する両替商も増え，江戸の三井や大阪の鴻池のよ
うに，財政の苦しい藩に金を貸し付ける有力な商人も現れた。

教科書
p.127

確認　江戸時代に米の生産量が増えたわけを確かめよう。

➡新田開発が進んだため。

表現　商人が，力をつけていったのはなぜか説明しよう。

➡（例）技術革新などにより農業や林業，水産業の生産量や作業効率が上がり，農産物や材木，
水産物やそれらの加工品の流通が盛んになるとともに，輸送路の整備や，都市の発展もみられ，
経済活動が活発になったから。

■綱吉と白石の政治

- 17世紀後半に5代将軍となったのが，徳川綱吉。
- …江戸の湯島に孔子をまつる聖堂を建てて儒学を重んじ，忠孝や礼儀を説く政治を進めた。
- 動物愛護を命じる生類憐みの令を出すが，違反者を厳しく罰したため反発を招いた。
- 寺社の造営などで幕府の財政が苦しくなり，質の悪い貨幣を多量に発行。
- ➡物価が上がり，人々の生活は苦しくなった。
- 続く6代・7代将軍は，儒学者の新井白石を重く用いた。…財政再建のために，貨幣の質をもとにもどし，長崎の貿易を制限して，金・銀の海外流出をおさえた。

■元禄文化

- 政治の安定や商業の発達を背景に，17世紀末から18世紀初めにかけて，上方とよばれる大阪・京都を中心に，町人たちが担い手となる文化が誕生。
- ＝このころの年号をとって，元禄文化という。
- 井原西鶴は，浮世草子とよばれる小説に，町人の生活を生き生きと描いた。
- 近松門左衛門は，人形浄瑠璃の脚本家として，義理と人情の間で悩む男女を描いた。
- 歌舞伎は，踊りから演劇に成長し，上方で坂田藤十郎，江戸で市川団十郎が人気。
- 松尾芭蕉は，俳諧（俳句）の芸術性を高め，各地を旅して『おくのほそ道』を書いた。
- 美術では，俵屋宗達に次いで，尾形光琳が，屏風やまき絵に優美な装飾画を描いた。
- 菱川師宣は，町人の風俗を描く浮世絵を始め，木版画の浮世絵は人気を集めた。
- 学問では，中江藤樹らが陽明学を学び，水戸藩主の徳川光圀は，歴史書『大日本史』の編さんを始めた。

■民衆の暮らし

- 衣服は，丈夫な木綿が普及。友禅染の絹の小袖も流行。
- 食事は，1日3食が普通になり，米を主食に，みそ・しょう油で味つけした，煮物や魚などのおかずを食べるように。
- 住居は，石の土台の上に柱を組む建て方で，長もちするようになった。
- 菜種油を使う行灯が広まり，夜も起きていられるように。
- 年中行事は，地域による違いもあったが，元旦，ひな祭り，端午の節句，彼岸などが定着。
- 人々は，寺社に参詣したが，遠方の寺社への参詣の旅は，観光を兼ねた娯楽にもなった。
- 祭りの時には，奉納相撲や村芝居，踊りなどを楽しんだ。

教科書 p.131

確認 このころの暮らしや年中行事で，現在も受け継がれているものをあげよう。

➡（例）ひな祭り，端午の節句　など

表現 元禄文化の特色を，担い手に注目して説明しよう。

➡（例）商業の発達によって力をつけた上方の町人たちが担い手となった文化で，活気のある人々の生活や心情の描写，優美な装飾が特徴的である。

■享保の改革

- 1716（享保元）年に8代将軍となった徳川吉宗は，家康の政治を理想とし，政治と財政の立て直しに取り組んだ。＝享保の改革
- 質素・倹約をかかげて支出をおさえ，収入を増やすため新田開発を進め，豊作・不作に関係なく一定の年貢を取り立てるようにして，米価の安定を図った。
- 大名には，一時的に参勤交代を軽減する代わりに，米を献上させた（上げ米の制）。
- 武士には武芸を勧め，大岡忠相を町奉行に取り立てるなど，有能な人材を登用した。
- 江戸に目安箱を設置して民衆の意見も取り入れたほか，裁判の基準となる**公事方御定書**を定めた。
- 生活や産業に役立つ学問（実学）を奨励し，漢訳された洋書の輸入を認めた。
➡改革により，幕府財政は一時的に立ち直った。

■貨幣経済の広まり

- 農村では，各地で綿や紅花・藍など，衣服や染色に用いられる作物の栽培が盛んに。
- 桑の栽培や養蚕も盛んに…桐生（群馬県）や足利（栃木県）などで絹織物を生産。
- 都市近郊では野菜，西日本を中心に菜種が栽培されるように。
- 農村では**商品作物**によって現金収入ができ，生活物資や農具，肥料の購入，年貢を貨幣で納めることも広がった。
- 農民は，自ら原料を布などの製品に加工して問屋に売っていたが，問屋が道具や原料などを農民に貸し出して布を織らせ，製品を買い取るように。＝**問屋制家内工業**
- 農村にも貨幣経済が広まるなか，生活が苦しくなった百姓は，田畑を質入れして借金。
➡借金を返せずに土地を手放し小作人になる者と，土地を買い集めて**地主**になる者と，農民の間に貧富の差が拡大していった。

■百姓一揆と打ちこわし

- 財政の悪化に苦しむ幕府や藩は，年貢を引き上げたり，商品作物に税をかけた。
➡ますます困窮した百姓は団結し，年貢の引き下げや代官の交替を訴えて，**百姓一揆**を起こし，大勢で城下に押しかけたりした。
- 都市でも困窮した町人たちが，米を買い占めて米価をつり上げた商人に対し，**打ちこわし**を行った。
- 幕府や藩は，一揆の指導者を厳しく処分したが，要求を一部認め，都市や農村の立て直しを図った。

教科書
p.133

（確認）享保の改革では，どのような政治が行われたか確かめよう。
➡（例）財政立て直しのため，支出をおさえ，収入を増やすために新田開発を行った。年貢の量を一定に決め，大名にも米を供出させた。有能な人材の登用や，裁判基準の制定，実学の奨励，漢訳洋書の輸入を認めることも行った。

（表現）百姓一揆や打ちこわしが起こるようになった理由について説明しよう。
➡（例）農村や都市において，民衆の多くが飢餓に直面するまで困窮し，命をかけてでも要求を通す必要があったから。

■田沼の政治

- 幕府の財政は，享保の改革で持ち直したものの，やがて再び行きづまった。
- 18世紀後半に老中となった**田沼意次**は，年貢だけに頼る財政政策は限界と考えた。
→商品生産とその流通を活発にさせる積極的な商業政策。
…商工業者の株仲間を増やして営業税を徴収，銅の専売制を実施，長崎の貿易活発化のため銅や俵物とよばれる海産物の輸出をうながし，蝦夷地の開拓や新田開発を計画。
- しかし，特権や地位を求めるわいろが盛んになり，批判が強まった。
- 浅間山の噴火，天明の飢饉，百姓一揆や打ちこわしの急増で，政治は行きづまった。

■寛政の改革

- 田沼の後に老中となった**松平定信**は，**徳川吉宗**にならい質素・倹約を勧め，農村と都市の復興に取り組んだ。＝寛政の改革
- 江戸に出かせぎに来ていた者は農村に帰し，商品作物の栽培を制限して米の生産を奨励。凶作に備え各地に倉を設けて米を蓄えさせた。
- 朱子学を重んじ，湯島聖堂の学問所（後の昌平坂学問所）での人材の育成に努めた。
- 旗本や御家人の札差からの借金を帳消しに。学問と武芸で武士の気風を改めようとした。
→出版物の統制などの取りしまりで人々は不満。
- このころ，ロシアがシベリアから蝦夷地へ進出。アイヌの人たちと交易。
- 和人の商人も蝦夷地の東部まで漁場を広げていたが，1789年，アイヌの人たちが漁場での扱いを不満とし，国後地方で蜂起。
…蜂起がロシアとの連合という噂で，幕府は警戒。

■財政難と藩政改革

- 18世紀後半，全国で財政難。藩政改革の実行。
- 米沢藩の上杉鷹山や熊本藩の細川重賢など。
…質素・倹約を実践して家臣の給料を減らしたほか，新田開発を進め，漆器の塗料となるうるしや，ろうの原料となるはぜなどの特産物を専売制にして生産を奨励。
- 藩校を設けて，藩士の育成に力が入れられた。

【歴史の技】教p.135
狂歌を読み解こう

〈Ｑ１〉一の狂歌…田沼　二の狂歌…松平
〈Ｑ２〉（例）「松平定信は政治に清潔さを求めすぎて息苦しく，多少わいろが横行してもとやかく言われない田沼時代がなつかしい」と風刺している。

教科書p.135

確認 田沼と松平の政治について，それぞれどのようなことを行ったか確かめよう。

→田沼…株仲間を増やして税を徴収。銅の専売制の実施。銅や俵物の輸出促進。蝦夷地開発や新田開発。など
松平…江戸に住む農村出身者を農村にかえし，米の生産を奨励。米の備蓄。朱子学を重視し人材育成。旗本と御家人の借金帳消し。など

表現 これらの改革は，どのような結果をもたらしたか説明しよう。

→（例）田沼の政治は商業や新田開発などの活発化をもたらしたが，わいろ政治がはびこるなどの問題があった。松平の寛政の改革は，倹約によって支出がおさえられたが，出版物の統制などの取りしまりが厳しく，人々の不満が高まった。

■外国船の接近

- 1792年，東方進出を目ざすロシアの使節ラクスマンが根室に来航し，貿易を求めた。
➡老中の松平定信はこれを断り，蝦夷地（北海道）の沿岸や江戸湾を警備させた。
- 19世紀に入ると，欧米諸国の対立や捕鯨業の広まりなどで，イギリスやアメリカの船がしきりに日本の沿岸に近づいた。
➡1825年，幕府は異国船打払令を出し，接近する外国船を砲撃して追い払うようにした。
- 1837年，幕府が外国船を砲撃すると，蘭学者の渡辺崋山や高野長英らは，砲撃は日本の危機を招くと批判したが，処罰された（蛮社の獄）。
- 水戸藩主の徳川斉昭は，将軍に意見書を提出し，海沿いの防備を固めるように勧めた。

■変動する社会と民衆の闘い

- 19世紀になると，借金で行きづまる農民がさらに増えた。➡農民などを働き手として，一つの仕事場で作業を分担させる生産方法（工場制手工業）を始める地主や商人が現れた。
- 1830年代には，天保の飢饉が起こり，都市では米の買い占めや値上げに抗議する打ちこわしが激しくなり，農村では百姓一揆が頻発。
- 大阪では，1837年，陽明学者の大塩平八郎が，飢餓の対策をしない役所や豪商に怒り，門人とともに挙兵。
- 岡山藩では，19世紀の中ごろ，服装で身分の差別を強める法令に対し，えたの身分とされた人々が抗議し，撤回させた（渋染一揆）。

■天保の改革と藩政改革

- 老中の水野忠邦は，1841年，幕府政治を立て直すための改革に着手。＝天保の改革
…風紀や出版の統制，ぜいたくの禁止，株仲間の解散，江戸に流入した人々を農村に帰す。
- 江戸・大阪の周辺などを幕府の直接の支配地にして海防に備えようとしたが，大名や旗本の強い反対にあって失敗。
➡改革は2年で行きづまり，忠邦は老中を解任。
- 同じころ，長州藩（山口県）・薩摩藩（鹿児島県）・肥前藩（佐賀県）などでは，下級武士や改革派が，財政の立て直しと軍事力の強化を進めた。➡発言力をもつ藩に。

読み解こう 教p.137

❶（例）座敷で綿糸をよっている作業，綿糸を束ねて機織の準備をする作業，機織の作業 など
❷こちらの方が，広い場所で，多くの人が，大きな機織機を使って生産している。
❸132ページの方は，生産が小規模なので，原料や人件費が安く済む。137ページの方は，生産が大規模なので，原料や人件費に多額の費用がかかるが，大量生産が可能なので，多く売ることができれば大きな利益を生む。

教科書 p.137

確認 このころ，日本に接近してきた国をあげよう。
➡ロシア，イギリス，アメリカ，オランダ，フランス
表現 幕府が直面した危機を「内」と「外」に分けて，それぞれへの対応の結果を説明しよう。
➡（例）「内」…飢饉などによって民衆は困窮し，百姓一揆や打ちこわしが頻発した。「外」…外国船が日本近海に出現し，貿易をせまるようになった。

18 「読み・書き・そろばん」の習い 学問の広まりと化政文化 (教p.138〜139)

■新しい学問と思想

● 儒学…幕府は身分や秩序を重んじる朱子学を正しい学問とした。一方で朱子学を批判する学派もおこった。民衆に職業の誇りや生活道徳を説く、心学も盛んになった。

● 18世紀の後半, 本居宣長が『古事記』を研究して『古事記伝』を著し, 仏教や儒教がもたらされる以前の日本人の精神を明らかにする国学を大成した。

➡ 継承した平田篤胤は, 日本は神国と強調する神道を唱え, 幕末の尊王攘夷運動に影響。

● 8代将軍の吉宗がヨーロッパの書物の輸入禁止をゆるめ, 西洋の学問をオランダ語で研究する蘭学が発達し始めた。

…特に, オランダ語の人体解剖書を翻訳した杉田玄白らの『解体新書』の出版をきっかけに, 医学や天文学などへの関心が高まり, 蘭学の塾も各地に開かれた。

● 平賀源内は発電機や寒暖計を製作, 伊能忠敬は全国を測量して正確な日本地図を作った。

● 安藤昌益は, 人々が平等に農耕を営む社会を理想とした。…身分制の批判もみられた。

■化政文化

● 18世紀後半から, 江戸の商工業が発達し, 経済や文化の中心が大阪から江戸へ移った。

● 小説…旅の道中をこっけいに描いた十返舎一九の『東海道中膝栗毛』や, 冒険と空想に満ちた曲亭（滝沢）馬琴の物語『南総里見八犬伝』が評判。江戸では貸本屋が増加。

● 俳諧…与謝蕪村が, 風景を絵画のように表現, 小林一茶は, 農民の感情をよんだ。

● 町人は, 落語の寄席や歌舞伎を楽しみ, 世の中を風刺する狂歌や川柳が流行。

● 浮世絵…錦絵とよばれる多色刷りの版画が人気。喜多川歌麿は美人画, 東洲斎写楽は歌舞伎の役者絵, 葛飾北斎や歌川（安藤）広重は風景画に優れた作品を残した。

● 江戸の町人が好んだ文化を, 19世紀初めの年号（文化・文政）から, 化政文化という。

■地方の文化と教育

● 伊勢神宮への参詣など旅の習慣が広まり, 観光のための名所案内も刊行。

● 郷土色の豊かな芸能や工芸品が成長。

● 町や村には寺子屋が開かれ,「読み・書き・そろばん」の教育を受ける民衆が増えた。

● 各地の藩で武士の子弟のための藩校が設立。

教科書 p.139

（表現） 元禄文化と化政文化の共通点や, 時代背景の違いについて説明しよう。

➡ （例）共通点…町人が担い手となった点。時代背景の違い…元禄文化は, 江戸時代初期に商業が活発になってきた時代のもので, 化政文化は, 平和な時代が長い間続き, 江戸時代後期に江戸でも商工業が発達した時代のもの。

（4節をとらえる） 幕政の改革が繰り返された歴史の中で, 特に重要だと考えるできごとや言葉を, 下の「キーワードの例」も参考にして, 教科書p.126〜139から一つ選ぼう。また, その理由を説明しよう。

➡ （例）産業・流通の発達…幕政の改革は, 幕府の支出をおさえることを目的としており, それは武士も含めた人々の消費活動が盛んになったことを示し, 産業・流通の発達と深く関係していることだから。

1　Ⓐ鉄砲　Ⓑ桃山　Ⓒ刀狩　Ⓓ関ヶ原　Ⓔ朱印船　Ⓕ元禄　Ⓖ商品　Ⓗ享保　Ⓘ打ちこわし　Ⓙ蘭学
Ⓚ天保

2　フランシスコ＝ザビエル…キリスト教の伝来，イエズス会
　　織田信長…室町幕府がほろぶ，長篠の戦い，楽市・楽座，天守閣
　　豊臣秀吉…天下統一，太閤検地・刀狩，兵農分離，朝鮮侵略
　　千利休…豊臣秀吉の政治，侘び茶
　　徳川家康…関ヶ原の戦い，江戸幕府の成立，禁教，朱印船貿易
　　天草四郎…島原・天草一揆　　松尾芭蕉…俳諧
　　徳川吉宗…享保の改革，公事方御定書，目安箱
　　松平定信…寛政の改革，昌平坂学問所，風紀の取りしまり
　　本居宣長…国学　　葛飾北斎…錦絵

3　a…⑧　b…⑩　c…⑨　d…③　e…②　f…⑥　g…⑤　h…④　i…①　j…⑦

4　（例）各大名に自分の領地を統治させ，将軍は江戸でそれらの大名を束ねる形になっている。大名
が自分の領地で力を蓄えすぎないように，参勤交代を行った。

5　儒学（朱子学）…（上から）忠孝，礼儀，徳川綱吉，昌平坂学問所
　　国学…（上から）仏教，儒教，本居宣長

6　（例）大名について，前の時代は互いに武力で争い領地を拡大しようとしていたが，江戸時代には
将軍の強い支配に従い自分の領地を治めることに専念した。
　海外（特にヨーロッパ）との貿易について，前の時代は南蛮貿易で九州を中心に盛んに行われてい
たが，江戸時代はオランダのみを相手として長崎に限定された。
　年貢について，前の時代に検地で土地の石高や所有者が明確にされ，さらに江戸時代には農民たち
の管理が徹底されることで確実に納められるようになった。

7　（省略）

■時代の変化に注目しよう！
❶出島。（例）外交の窓口を限定し，貿易や情報の行き来を制限した。
❷（例）武力攻撃に備えていた。

1 節　近代世界の確立とアジア

近代の暮らしと社会 （教p.146〜147）

（Q1）（例）人力車が走っている，洋装をした人がいる，建物がレンガ造りになっている，鉄道が走っているなど。西洋からの文化や技術が入ってきたから。

（Q2）右上の絵…明治天皇が大日本帝国憲法を発布しているところ。右下の絵…繭から生糸を取っているところ。

（Q3）（例）国が，積極的に国際社会に進出し，国際的によりよい立場を求めていこうとするようになった。

1 王は君臨すれども統治せず　議会政治の始まり （教p.148〜149）

■イギリスの台頭と革命

● 16世紀のイギリス…国王によって国家の統一が進められた。

● 16世紀初め，宗教改革の影響で，国王が主導してプロテスタント系のイギリス国教会が成立。

…国王が議会の承認を得ながら進めたため，国の制度のなかで議会の地位は高くなった。

● 当時は，カトリック教会を支援するスペインが，アメリカ大陸の富を独占。

…イギリスは，オランダとともに，大西洋での貿易をめぐりスペインに挑戦するように。

➡ 女王エリザベス1世の時代に，無敵といわれたスペインの艦隊を破り，東インド会社を設立するなど，海外発展の土台を築いた。

● 17世紀，豊かな地主や商工業者が，議会を足場にして政治の発言力を増した。

…彼らはピューリタン（清教徒）とよばれたカルバン派のプロテスタントが多く，イギリス国教会の改革を求めるとともに，絶対王政を確立しようとする国王の専制政治に反対。

➡ 議会と国王の対立は激しくなり，1642年に内乱に発展。

➡ 議会側は，クロムウェルを指導者にして国王の軍を破った。1649年，国王を処刑し，共和政を樹立。＝ピューリタン革命

● その後，王政が復活したが，国王が専制政治とカトリックの信仰の復活を図ったため，1688年に議会は一致して国王を退位させ，オランダから新しい国王を迎えた。

…議会と国王は，お互いの権限を確認し合い，権利の章典を発布。＝**名誉革命**

➡ イギリスは立憲君主政と議会政治の基礎を固め，18世紀にヨーロッパの強国となった。

■フランスの絶対王政と啓蒙思想

●フランスは，17世紀後半，国王ルイ14世が絶対王政を確立。

…国王が戦争や宮殿の建築などに浪費を続けたため，財政は苦しく，国民の負担も増大。

●18世紀には，自然科学の合理的な考え方から発展した啓蒙思想が広まり，国王の専制政治や，生まれで人々の権利や地位が決まるなどの不合理な社会制度が批判された。

…イギリスの**ロック**は，人間は生まれながらにして生命・自由・財産を守る権利があると説いた。

➡その影響を受け，**モンテスキュー**は『法の精神』で三権分立を主張し，**ルソー**は『社会契約論』で人民主権を唱えた。

●啓蒙思想は，本や雑誌，新聞などを通じて人々に広まり，アメリカの独立やフランス革命など自由・平等を目ざす動きを力づけた。

教科書
p.149

（確認）　17世紀に，イギリスで起こった二つの革命をあげよう。

➡ピューリタン革命，名誉革命

（表現）　二つの革命の前後で，国王と議会の関係はどのように変わったか説明しよう。

➡（例）革命前は，国王の専制政治がみられ，議会と対立していたが，革命後は議会と国王の権限が権利の章典によって確認され，立憲君主制と議会政治が確立した。

2　代表なくして課税なし　アメリカの独立革命とフランス革命　（教p.150〜151）

■アメリカの植民地

●大航海時代以降，ヨーロッパ諸国から多くの人々がアメリカ大陸に移住。

➡先住民を支配したり，追いやったりしながら植民地をつくった。

●北アメリカの東部は，17世紀にイギリス人の植民活動が本格化し，18世紀の中ごろまでに13の植民地がつくられた。

…当時のイギリスは，海外の植民地をめぐってフランスと戦争を繰り返し，財政が苦しく，13植民地にも新たに砂糖や茶の税金を課して，収入を得ようとした。

➡しかし，13植民地の人々は，本国議会に代表を送る権利がないのに，自分たちの同意もなく一方的に課税されることに抗議して，イギリスからの独立を求め始めた。

■アメリカ合衆国の成立

●1775年，13植民地は，ワシントンを総司令官としてイギリスを相手に独立戦争を起こし，翌年，独立宣言を発表。

➡他のヨーロッパ諸国の支援も得て，戦いに勝利。**アメリカ合衆国**を打ち立てた。

●立法・行政・司法の三権の分立を定めた合衆国憲法は，近代の民主的憲法のモデルに。

■フランス革命

●独立宣言に表された民主主義の精神は，ヨーロッパにも影響。

●フランスは，国王と貴族中心の政治が続いていたが，1789年，財政を立て直すために，聖職者・貴族・平民という三つの身分の代表による議会が開かれた。

…しかし，平民代表は，自分たちこそが国民の代表であると主張，国民議会をつくった。

➡フランス国王は，この動きを武力でおさえようとしたため，都市の民衆や農民らが革命を引き起こした。＝フランス革命

●革命は古い身分社会を打ちこわし，市民を中心とした，自由で平等な新しい社会への道を開いた。

●国民議会が発表した人権宣言は，個人の権利や市民社会の政治の重要な原則を示し，後の世界に大きな影響を与えた。

読み解こう　教p.151

❶石の下敷きになっているのが平民。

❷税金

❸（例）革命前までは，聖職者と貴族を支えるために平民が税を負担する制度だったが，革命後は，社会のために聖職者・貴族・平民それぞれが平等に税を負担していく制度になった。

教科書 p.151

（確認）独立宣言と人権宣言を読んで，共通する言葉をあげよう。

➡自由，平等，権利

（表現）アメリカ合衆国は，どのような人たちによって建国されたか，背景をふまえて説明しよう。

➡（例）ヨーロッパから移住した後，植民地であることを理由に自分たちの同意なく課税されることに抵抗した人たち。

3　「世界の工場」の光とかげ　産業革命と資本主義社会の成立　（教p.152〜153）

■イギリスの産業革命

●18世紀まで，ヨーロッパは農業中心の社会で，工業生産は手工業で行う。

●18世紀の後半，イギリスで，大量生産を行うための技術の改良や機械の発明が次々と生まれ，石炭を燃料とする蒸気機関が，水力にかわる新しい動力として利用された。

➡工業の生産力は大きく向上。大きな製鉄所や工場が建設され，新しい工業都市が誕生。蒸気機関車などの発明によって交通網も発達。

…工業化は，人々の生活を大きく変えたので，この変革を産業革命とよぶ。

●世界で最初に産業革命が起こったイギリスは，19世紀の中ごろ，圧倒的な工業力をもつようになり，安価な製品を世界中に輸出したため，「世界の工場」とよばれた。

■産業革命の広がり

●19世紀，他のヨーロッパ諸国も産業革命。アメリカ合衆国やロシア，日本も続く。

…大規模な工業化は，経済発展が遅れたアジアやアフリカなどの地域で，原料を入手したり，製品を売ったりすることで進められた。

■資本主義と社会主義

●産業革命が進むなか，**資本主義**という新しい経済のしくみができた。

…資本主義では，資金・機械のような生産手段（資本）や土地を所有する資本家が，賃金をもらって工場などで働く労働者を雇い，利益を求めて生産や販売を行った。

●工業化が進むにつれ，多くの社会問題が発生。

➡労働者は労働組合を結成，労働条件の改善や労働者を保護する法律の制定を目ざした。

●貧富の差を生み出す原因は資本主義にあるとし，生産手段を共有することで平等な社会を実現しようとする**社会主義**を主張する思想家も現れた。

■参政権の拡大

●社会の変化のなかで，平等な政治参加を求める運動が起こった。

…イギリスでは，選挙権をもつ人々の範囲を広げることで，人々の不満や社会問題を解決しようと，選挙法の改正が何度か行われた。

●19世紀の中ごろ，ヨーロッパ各地で国民の権利の拡大を求める革命が起こった。

➡その後，さまざまな制限があるものの，選挙による議会を通して，国民の声を政治に反映させる動きが進んだ。

読み解こう 教p.153

❶（例）賃金も安くてすみ，言うことをきかせやすいから。

❷（例）地下深く竪穴をほるから。

❸（例）学習や遊びなど仕事以外のことをする時間や機会。

教科書 p.153

確認 イギリスが，「世界の工場」とよばれたわけを確認しよう。

➡（例）圧倒的な工業力で，世界中に安価な製品を輸出したから。

表現 産業革命がもたらした変化を，光の面とかげの面に分けて説明しよう。

➡（例）光の面：工業化が進み，人々の暮らしが便利になり，豊かになった。かげの面：資本家と労働者の貧富の差が大きくなった。また，鉱山や工場によって都市の生活環境が悪化した。

4　強大な国家を目ざして　欧米列強の成立　　（教p.154～155）

■アメリカ合衆国の発展

●独立後のアメリカ…19世紀の前半，ヨーロッパ諸国と互いに干渉しない方針をとり，西部の開拓に力を注いで，太平洋岸に向かって領土を拡大していった。

●19世紀中ごろ，黒人奴隷を使って大農場（プランテーション）で綿花などを栽培し輸出する南部の州と，工業化が進んで奴隷制度に反対する北部の州との対立が激化。

➡北部側が支援する**リンカン**（リンカーン）が大統領になると，南部側は合衆国から離れ，1861年，**南北戦争**が起こった。

●リンカンは奴隷解放を宣言し，1865年，戦争は北部側が勝利。その後，アメリカでは西部の開拓がいっそう進み，工業もめざましく発展。

■ロシア帝国の改革

- 皇帝の専制政治が続いたロシア…19世紀中ごろ，黒海から地中海への出口を得ようとしてオスマン帝国（トルコ）と戦争になり，加えて，ロシアの南下を阻止したいイギリス・フランスとも戦争になった。＝クリミア戦争
- ➡ロシアの敗北。皇帝は，敗戦の原因が，西欧諸国に比べて遅れた社会や経済にあるとし，1861年，農奴解放令を出して農民の身分を自由にし，改革の基礎をつくった。

■イタリアとドイツの統一

- 19世紀前半，イタリアでは中小の国々が分立。
- ➡サルデーニャ王国が中心となって国家の統一を進め，オーストリアを戦争で破ってイタリア王国をつくり，1870年に統一を完成。
- ドイツでも多くの国々が分立。
- ➡経済力や軍事力にまさるプロイセン王国が，ビスマルク首相のもとに諸国をまとめ，隣接するオーストリアやフランスとの戦争に勝って，1871年にドイツ帝国をつくった。
- …富国強兵を推進したドイツでは，工業が急速に発展した。

■近代化と列強の成立

- ロシア・イタリア・ドイツは，先進国のイギリスやフランスに追いつくため，それらの社会を手本に改革を進めたり，国内をまとめて統一国家をつくったりした。＝近代化
- イギリス・フランス・アメリカをはじめ，統一国家となったドイツ・イタリア，近代化にふみ出したロシア・オーストリアは，他の諸国と比べて経済力や軍事力などでまさるため，列強とよばれた。

教科書 p.155

- （確認）アメリカの西部開拓や大陸横断鉄道の開通は，どのような影響をもたらしたか確かめよう。
- ➡（例）アメリカ合衆国にとっては，国土が広がり，拠点となった都市が成長することで，国内の経済が発展することにつながった。一方，先住民にとっては，住む場所を追われ，人口も大きく減らすことになった。
- （表現）列強の国々には，どのような共通点があるか説明しよう。
- ➡（例）近代化に成功し，強大な経済力や軍事力をもつ点。

5　国をゆるがす綿とアヘン　アジアの植民地化と抵抗　（教p.156〜157）

■インド大反乱

- 17世紀初め，イギリスの東インド会社が進出し，インドの綿織物をヨーロッパへ輸出。
- 18世紀にムガル帝国の勢力がおとろえると，東インド会社はインドの各地を植民地に。
- 産業革命を進めたイギリスは，インドなどから綿花を安く輸入し，それらを原料にイギリスで機械生産した安価な綿織物を，大量にインドに輸出。

➡手工業によるインドの綿織物業は衰退。失業者や餓死者が出て，インドの人々に不満。

●1857年，東インド会社にやとわれていたインド人兵士の反乱をきっかけに，民衆がこれ
　に加わり，インド各地に反乱が広がって，戦闘が始まった。＝インド大反乱

➡反乱をおさえたイギリスは，東インド会社を解散させ，インドを政府の直接の支配下に
　移し，ムガル帝国は滅亡。

■アヘン戦争

●中国（清）では，18世紀後半，欧米の船の来航を広州に限り，貿易を管理。

●イギリスでは茶を飲む習慣が広まり，清から大量の茶を輸入していたが，自国の綿製品
　は清で売れず，貿易は赤字。

➡イギリスは，インドでつくらせた麻薬のアヘンを清に密輸し，その代金の銀で茶を輸入。

●銀の不足やアヘンの害が深刻になった清が，アヘンを取りしまる。

➡1840年，イギリスは清と戦争を始めた。＝アヘン戦争

●敗れた清は，不平等な内容の南京条約を結んだ。イギリスは，1856年にもフランスと連
　合して清との戦争を起こし，北京を占領して，開国をさらに広げる条約を結ばせた。

■太平天国の運動

●1851年，清では，戦争の費用や賠償金のための重税などで生活が苦しくなった農民たち
　が，洪秀全を指導者として，太平天国という国をつくった。

●太平天国は，農民たちに土地を平等に与えるなど，理想的な国をつくろうとしたが，イ
　ギリスなどの外国軍や，地方の有力者が編成した軍を動員した清によって倒された。

■東南アジアの植民地化

●東南アジアでは，16世紀の後半にスペインがフィリピンに，17世紀にはオランダがイン
　ドネシアに対して，植民地化を進めた。

●19世紀後半に，ベトナム・カンボジアなどはフランスの，ビルマ・マレーシアはイギリ
　スの植民地とされた。

教科書
p.157

┌───
│ 表現　アジアでのヨーロッパ諸国の動きを，日本はどのように受けとめたか話し合おう。
│ ➡（例）身近な危機と受け止め，勝ち目のない軍事衝突を避けるため，幕府は外国船を打ち払う
│ 方針を改めた。
│ 1節をとらえる　近代化した西洋諸国がアジアに進出した歴史の中で，特に重要だと考えるでき
│ ごとや言葉を，下の「キーワードの例」も参考にして，教科書p.148〜157から一つ選ぼう。また，
│ その理由を説明しよう。
│ ➡（例）産業革命…産業革命によって近代的な資本主義が完成し，その成長のため大量生産と大
│ 量消費が必要になると，原料の生産地・工業製品の消費地としてアジアが注目されたため。
└───

2節　開国と幕府政治の終わり

6　たった四はいで夜も眠れず　ペリーの来航と開国　（教p.160〜161）

■ペリーの来航

● 幕府は，アヘン戦争で中国（清）がイギリスに敗れたことを知り，異国船打払令を改め，来航する外国船には燃料や食料を与えて帰すことにした。

● 一方，カリフォルニアまで領土を拡大したアメリカは，太平洋へ乗り出し，捕鯨船や中国との貿易船の寄港地として，日本を開国させる考えを強めた。

➡ 東インド艦隊司令長官ペリーを派遣し，大統領の国書を日本政府に渡すことにした。

● ペリーは，琉球（沖縄県）に寄港したのち，1853年，4隻の軍艦を率いて浦賀（神奈川県）沖に現れた。

… 幕府は，オランダから事前に来航の情報を得ていたが，国書を受け取り，翌年の回答を約束。

■日本の開国

● 態度を決めかねた幕府は，朝廷に報告，初めて大名に意見を求めた。

● 1854年，約束通りペリーは軍艦7隻で再び来航し，回答を迫った。幕府は，ペリーが上陸した横浜で交渉し，日米和親条約を結んだ。

… 条約で日本は開国し，下田（静岡県）・函館（北海道）の2港の開港，アメリカ船への燃料・食料・水の補給，アメリカの領事が下田に駐在することなどが決められた。

■不平等な通商条約

● 初代アメリカ総領事として下田に来たハリスは，老中の堀田正睦に世界の情勢を説き，通商条約を結んで貿易を行うことを求めた。…朝廷は調印を認めず。

● イギリス・フランスが中国で戦争を起こしたことが伝わると，大老の井伊直弼らは，1858年，幕府の判断で日米修好通商条約を結んだ。

… 神奈川（横浜）・函館・長崎・新潟・兵庫（神戸）の5港を開き，自由な貿易を認めた。

➡ さらに幕府は，ほぼ同じ内容の条約をオランダ・ロシア・イギリス・フランスとも結んだ。

● しかし，この条約は，外国人の犯罪はその国の領事が裁く，領事裁判権を認め（治外法権），輸入品の関税率を決める権利（関税自主権）が日本にないなど，日本に不利な不平等条約。

> **教科書 p.161**
>
> **確認**　日米修好通商条約のどのような点が，日本にとって「不平等」だったのか確かめよう。
>
> ➡ 領事裁判権を認め，関税自主権が日本にない点。
>
> **表現**　開国後の日本が抱えた問題を，日本と外国との関係や，幕府と大名との関係から説明しよう。
>
> ➡ （例）不平等条約によって国内の治安や経済が混乱し，また条約をめぐって幕府の方針に反対する大名もおり，意見がまとまらなくなった。

■開港の影響
- 貿易港には外国人居留地が設けられ，外国や日本の商人が店を開いて取り引き。
- アメリカは南北戦争で立ちおくれたため，貿易の相手国はイギリスが中心。
- …安価な綿織物や綿糸が輸入されると，国内の生産地は大きな打撃を受けた。
- 日本は主に生糸を輸出。国内では品不足となり，他の生活用品も値上がりした。
- 日本の金貨が外国に持ち出されたため，物価が不安定に。➡民衆や下級武士は不満。

■安政の大獄
- 大名・武士・公家は，幕府が独断で開国したことを強く批判。
- 大老の井伊直弼は，開国や将軍のあとつぎをめぐって対立した大名・公家を処罰し，攘夷論を唱えた長州藩の吉田松陰らを処刑した（**安政の大獄**）。➡反発を強める結果。
- ➡1860年，直弼は水戸藩（茨城県）などの浪士らに暗殺（桜田門外の変）。

■攘夷運動の高まり
- 下級武士が外国人を襲う事件が，あい次いで起こった。
- ➡欧米諸国が居留地に軍隊を常駐させようとすると，植民地化の危機として，朝廷を推し立てて欧米の勢力を排斥しようとする，**尊王攘夷運動**が盛んになった。
- 長州藩は，尊王攘夷運動の中心。幕府の公武合体策を支持する薩摩藩などと対立。
- …外国船を砲撃し，朝廷に攘夷をうながしたが，幕府に攻撃され幕府に従う態度をとる。

■倒幕への動き
- 1863年，前年に薩摩藩士がイギリス人を殺傷した生麦事件に対する報復として，イギリス艦隊が鹿児島を砲撃（薩英戦争）。
- ➡薩摩藩の**西郷隆盛・大久保利通**らは，武力で幕府を倒す考えを強めた。
- 1864年，イギリス・フランス・アメリカ・オランダの四国連合艦隊が，長州藩の外国船砲撃に対する報復として下関の砲台を攻撃。
- ➡長州藩の高杉晋作・**木戸孝允**らも，攘夷をあきらめ，幕府を倒し，天皇中心の政権をつくる考えを強めた。
- 1866年，長州藩と薩摩藩は，土佐藩（高知県）の坂本龍馬らの仲立ちで，**薩長同盟**を結ぶ。
- 倒幕の動きを危険視した幕府は，長州藩を再び攻撃。➡苦戦し，14代将軍家茂の死で撤兵。

教科書
p.163

確認 開国が，民衆の生活に及ぼした影響を確かめよう。

➡（例）綿産業への打撃。生糸の品不足。生活用品や米の値上がり。

表現 幕府・長州藩・薩摩藩の関係は，薩長同盟の前後でどのように変わったか説明しよう。

➡（例）同盟前は，公武合体策などをめぐってお互い対立していたが，同盟後は幕府を倒すことで意見が一致し，協力関係になった。

■社会不安と世直しへの願い

● 開国と内戦で，生活用品の不足や値上がりが続き，生活に行きづまる人々が増えた。
● 外国からもたらされたコレラなどの疫病が流行し，災害や凶作も起こった。
● 幕府や藩は，広がる社会不安を解決できず，民衆の幕府に対する信頼はゆらいだ。
● 厄除けの「はやり神」や，伊勢神宮に集団で参詣する「おかげ参り」が流行。苦しむ
　人々の救済を説く，新しい宗教も人々の心をとらえた。
● 民衆の間には，「世直し大明神」の力を借りた救済を目ざす，世直しへの願望が高まっ
　た。➡世直しの一揆や騒動が起こり，神罰だとして富裕者の家を打ちこわした。
● 江戸や大阪でも，大商人や米屋に対する打ちこわしがあい次ぎ，新しい世の中への期待
　と不安で，民衆が「ええじゃないか」とはやしたてながら踊る騒ぎも起こった。
➡民衆の動きは，幕府の威信をますます弱めた。

■幕府の滅亡と新政府の誕生

● 1867年，明治天皇が即位すると，薩摩藩や長州藩を中心に倒幕の動きが高まった。
● 15代将軍の徳川慶喜は，フランスの援助を受けて，幕府の権威を立て直そうとした。
➡土佐藩の前藩主の山内豊信らの勧めにより，新たな政権の中で主導権を維持することを
　意図して，いったん政権を手放すことに決めた。
➡1867年10月，政権を朝廷に返した。＝大政奉還
● しかし，武力による倒幕を目ざす勢力は，
　12月，天皇中心の政治にもどすことを宣言
　し，新しい政府をつくった（王政復古の大
　号令）。
…慶喜は，新政府への参加が認められず，官
　職や旧幕府領をすべて没収されることに。
➡反発した旧幕府軍は，1868年1月，鳥羽・
　伏見（京都府）で新政府軍と戦闘を開始。
● 鳥羽・伏見の戦いに勝利した新政府軍は，
　自らを官軍，旧幕府軍を「朝敵（朝廷の
　敵）」と宣言し，戦いを続けた。
…旧幕府は，4月に江戸城を新政府軍に明け
　渡し，その後，東北諸藩で奥羽越列藩同盟
　を結成して抵抗したが破れ，1869年5月に
　函館（北海道）の五稜郭で榎本武揚が降伏
　し戦争終結。新政府軍のもとに国内は統一。
　＝戊辰戦争

教科書 p.165

（表現）江戸幕府がどのように滅亡に至
ったか，説明しよう。
➡（例）開国後の混乱の中で権威をなく
した幕府は，倒幕派に先んじて政権を朝
廷に返上することで新政府の中で主導権
を握ろうとするも成功せず，最終的に新
政府軍に戦争で敗れて滅亡した。

（2節をとらえる）江戸幕府の政治が行き
づまっていった歴史の中で，特に重要だ
と考えるできごとや言葉を，下の「キ
ーワードの例」も参考にして，教科書
p.160〜165から一つ選ぼう。また，そ
の理由を説明しよう。
➡（例）日米和親条約…開国に関し，幕
府が独断で進め，また反対者を厳しく弾
圧したことが，朝廷や大名の失望や反感
を買い，倒幕へつながっていったから。

3節　明治維新と立憲国家への歩み

9　万機公論に決すべし　新政府の政治方針　(教p.168〜169)

■新政府の出発

- 新政府は外国に対し，新政権の成立や，幕府が結んだ条約を受け継ぐことを通告。
- 1868（慶応4）年3月，**五箇条の御誓文**を出し，会議を開いて世論に基づいた政治を行うことなど，新政府の政治の方針を内外に示した。
- 年号を明治と改め，天皇の在位中には一つの元号のみを用いる，一世一元の制を採用。
- 江戸を東京と改称，天皇が東京に移り，政府の役所も東京に集めた。
- 新政府による一連の改革は**明治維新**とよばれ，人々は改革を「御一新」とよんで期待。

■廃藩置県

- 政府は，太政官という機関を設けて政治を運営した。
- …倒幕に貢献した公家，薩摩藩・長州藩・土佐藩・肥前藩などの出身者が権力を握り，後に**藩閥政治**とよばれた。
- 幕府が滅亡しても，大名が藩を支配するしくみは残った。
- ➡1869（明治2）年，政府は大名から版（領地）と籍（領民）を天皇に返上させた（**版籍奉還**）が，その後も元の藩主が政治を行ったため，改革の効果は不十分だった。
- 1871年，政府はすべての藩を廃止して県をおく**廃藩置県**を行った。
- …各県に県令（県知事），東京・大阪・京都に府知事を派遣。＝中央集権国家

■身分制の廃止と四民平等

- 政府は「四民平等」の理念に基づいて身分制度の改革に着手。
- …皇族（天皇の一族）のほかは，公家と大名を華族，武士を士族，百姓や町人を平民に。
- 平民に名字が許され，異なる身分どうしの結婚，職業選択・居住などの自由も認めた。
- 1871年，江戸時代のえた・ひにんなどの身分を廃止し，平民とする布告。＝「**解放令**」
- ➡差別されていた人々は，それまで認められていた職業上の権利を失ったり，就職・結婚・教育・居住などでの差別が根強く残った。
- 「解放令」をよりどころに，山林や用水の利用や，祭礼への参加などの権利の要求も広がった。

教科書 p.169

確認　五箇条の御誓文には，どのような政治方針が示されているか確かめよう。

➡①全てのことを会議で話し合って決めること。②身分に関わらず政治を行うこと。③身分の違いを超えて，それぞれの志を実現できるのだと人々に思わせること。④攘夷をやめて，国際法に従うこと。⑤欧米の進んだ文明を追求し，天皇中心の国家を発展させること。

表現　新政府の政治改革によって，社会は江戸時代からどのように変化したか説明しよう。

➡（例）藩による支配から新政府による中央集権的な支配にかわり，藩などによって制度化されていた「えた・ひにん」といった身分差別も，制度としてはなくなった。

■富国強兵

- 政府は，東アジアに進出している西洋の列強に対抗できる国家の建設を目ざした。
- …そのための改革は，「富国強兵」を目ざして，学制・兵制・税制など，広い範囲に及んだ。

■小学校の誕生

- 政府は，教育による国民意識の向上のため，1872（明治5）年に学制を公布。
- …欧米の学校教育制度を取り入れ，6歳以上の男女はすべて小学校に通うように定めた。
- ➡江戸時代の寺子屋がもとになったものも含め，数年間で全国2万校以上の小学校。
- 男子の就学率は50％をこえたが，女子はその半分以下にとどまった。

■軍隊の組織

- 政府は，西洋式で強力な全国統一の軍隊をつくるため，1873年に徴兵令を発布。
- …満20歳男子に身分の区別なく兵役を義務づけ，武士中心の軍隊から国民による軍隊へ。
- ➡特権をうばうとして士族の反発を招き，国民の負担が増すため各地で徴兵反対の動き。

■租税を金納に

- 改革の実施には，安定した財源の確保が不可欠。
- 当初，政府の収入の大部分は，農民が米で納める租税。…米価の変動で収入は不安定。
- ➡政府は，土地の売買を認め，土地の地価を定め，土地の所有者に地券を発行。
- …1873年，地租改正条例を公布。地租（税額）を地価の3％と定めて，土地所有者に現金で納めさせることにした。＝地租改正
- 地租改正は，数年かけて全国で実施。
- ➡国民の土地所有権が確立。政府の財源が安定。
- 地租改正が行われても，人々の租税の負担はあまり変わらず。
- …各地で地租改正に反対する一揆。
- ➡1877年，地租を地価の2.5％に引き下げ。

教科書 p.171

確認 学制・兵制・税制のそれぞれについて，それまでの制度との違いを確かめよう。

➡ ［学制］それまでは，庶民は寺子屋，武士は藩校などに分かれ，希望者のみ通っていたのが，6歳以上のすべての男女が小学校に通うようになった。 ［兵制］それまでは，武士中心の軍隊だったが，国民による軍隊になった。 ［税制］それまでは，政府の収入の多くが米での納入だったが，地租による現金での納入となった。

表現 新政府の改革に反対する動きがあったのはなぜか，理由を説明しよう。

➡ （例）武士にとっては特権をうばわれるため，庶民にとっては新たな負担が強いられるため，それぞれの立場から反対運動が起こった。

読み解こう 教p.171

❶土地の所在地，広さ，所有者，地価，地租の割合と額。

❷明治10年から2.5％

❸（例）地租の収入はそれほど変化がないが，地租以外の収入が大幅に増えた。

■殖産興業

- 政府は，産業の近代化のため，関所や株仲間を廃止し，自由な経済活動をうながした。
- 欧米から招いたお雇い外国人らの指導で，西洋の知識や技術を導入し，産業育成を図る。
- ＝この政策を，殖産興業という。
- 政府は，幕府や諸藩がもっていた造船所・鉱山などを政府に移し，新たに富岡製糸場などの官営模範工場を開設。
- 博覧会を開催して，産業技術の普及に努めた。
- 1872（明治5）年，新橋・横浜間に初めて鉄道が開通，数年後には神戸・大阪・京都間も開通。
- …政府は，港や道路を建設し，海運会社に補助金を支給するなど交通網を整備。
- 飛脚に代わる郵便制度が，前島密の立案で1871年に始まったほか，国内各地が電信で結ばれた。

■文明開化

- 近代化の政策をきっかけとして，西洋の文化を取り入れる動きも活発になった。
- 西洋文化は，人々の思想や信仰などに影響を与え，生活様式も変化。
- ＝この風潮を文明開化という。
- 人間の自由や権利を尊重する思想が，福沢諭吉や中江兆民らによって欧米から紹介。
- 活字印刷によって新聞や雑誌の発行が容易に。…新たな思想を広める一因。
- それまで禁止されていたキリスト教の信仰が認められた。
- 衣食住の生活様式も，しだいに西洋化していった。
- …ちょんまげをやめてザン切り頭。コートや帽子を身につけ，牛鍋を食べることが流行。
  町には，れんが造りの建物が増え，人力車や馬車が走り，ガス灯やランプがともった。
- 1873年からは太陰暦に代わって太陽暦を採用。7日を1週間として日曜を休日とした。
- …役所や工場・学校を通じて定着していった。
- 文明開化の広まりは，外国との貿易を行う開港場や大都市が中心。
- …農村では，農作業の関係から太陰暦が使い続けられたが，生活様式は少しずつ変化。

教科書 p.173

確認 殖産興業の政策によって新たにできたり，始まったりした物事を確かめよう。
➡ （例）官営模範工場の開設，鉄道の敷設，郵便制度の開始，電信網の整備。
表現 西洋の文化は，人々の生活や文化にどのような影響を与えたか説明しよう。
➡ （例）衣食住が西洋化し，新聞や雑誌が普及することで新しい考えにふれることができる人が多くなった。

■国際関係の変化

● 19世紀まで，東アジアの国際関係は，各国が中国の皇帝に朝貢し，見返りとして，地域の支配が認められるという関係が基本。…ただし，日本と清の国交は開かれず。

● 一方，19世紀に東アジアに進出した欧米諸国は，国と国の間で結んだ条約を基礎に，近代的な国際関係を発展させた。

…欧米は，欧米諸国間では対等な条約が主流の一方，アジア諸国とは不平等条約を結んだ。

● 新旧二つの国際関係の間で，日本は，ヨーロッパ起源の近代的な国際関係をいち早く受け入れた。➡東アジアの伝統的な国際関係に大きな変化。

■岩倉使節団の派遣

● 政府は，外国との国交を広めていく方針のもと，欧米や近隣の国々との外交を進めた。

● 1871（明治4）年，岩倉具視を大使とする政府の使節団を，欧米に派遣（岩倉使節団）。

…目的の一つであった不平等条約の改正は，日本の制度が不整備との理由で成功せず。

● 使節団や同行した留学生たちが議会・工場・学校などを視察し，先進国の政治・産業・文化について詳しく調査。

➡その後の日本の近代化に大いに役立った。

■中国・朝鮮との外交

● 政府は，1871年に清と対等な日清修好条規を結び，国交を開いた。

● 朝鮮には対馬藩を通じて，王政復古を知らせる文書を送付。➡鎖国中の朝鮮は応じず。

● 政府内には，武力を用いてでも朝鮮に国交を開かせる主張（征韓論）が起こったが，1873年に欧米諸国の視察から帰った大久保利通・木戸孝允らは，国内の改革を優先させるべきとして，これに反対。

➡征韓論が受け入れられなかった西郷隆盛・板垣退助らは，政府を退いた。

● 1875年，江華島事件が起こると，翌年，政府は朝鮮に圧力をかけ，日朝修好条規を結んで，朝鮮を開国させた。

…朝鮮を独立国とみなし，従来の清と朝鮮との関係を否定し，日本に治外法権を認めるなど，不平等なものだった。

教科書 p.175

確認 岩倉使節団が派遣された目的と，成果について確かめよう。

➡（例）目的…外国との国交を広め，不平等条約の改正を求めるため。成果…先進国の政治・産業・文化について調べることができ，その後の日本の近代化に役立った。

表現 日本が清・朝鮮と結んだ条約について，どのような違いがあるか説明しよう。

➡（例）清と結んだ日清修好条規は対等な関係を基本としていたのに対し，朝鮮と結んだ日朝修好条規は，日本に治外法権を認めるなど，不平等なものだった。

13 形づくられる日本 国境の画定と北海道・沖縄

■国境・領土の画定

● 近代的な国際関係を結ぶうえで，国境を明確にすることは重要な課題。

● ロシアとの間では，19世紀はじめに紛争があり，幕末に結んだ条約では，樺太（サハリン）には国境を設けなかった。

➡ 1875（明治8）年の**樺太・千島交換条約**で，樺太をロシア領，千島列島を日本領とした。

● 小笠原諸島は，19世紀に捕鯨船の寄港地となり，欧米の人々が住むように。

➡ 1876年に，政府は小笠原諸島が日本の領土であることを宣言。国際的に認められた。

● 1895年，尖閣諸島を沖縄県に，1905年，竹島を島根県に，閣議決定により編入。

■北海道の開拓とアイヌの人たち

● 政府は，ロシアと国境をめぐる問題があったため，北方の開拓と防備に力を入れた。

● 1869年に蝦夷地を北海道と改め，開拓使を置いた。

… 開拓使は，農地の開墾や炭坑の開発，札幌農学校の創設など，開拓事業を推進した。

● 開拓の中心は，職を失って移住してきた士族らが担った。

… 農作業のほか，非常時には武器を取って防備にあたる屯田兵の役割が与えられた。

● 労働力不足から，道路工事などには囚人も動員された。

● 先住民族であるアイヌの人たちは，開拓で漁や狩りの場をうばわれ，生活に困るように。

● アイヌ固有の文化や言語は否定され，同化政策が進められた。

… 政府は1899年に，アイヌの人たちの保護を理由に北海道旧土人保護法を制定。しかし，アイヌ民族に対する差別は続いた。

■琉球処分と琉球の人たち

● 琉球王国は江戸時代以来，薩摩藩の支配下にあったが，同時に清にも朝貢。

● 日本政府は，琉球を日本の領土にしようと，1872年に琉球王国を琉球藩とし，国王の尚泰を琉球藩王とした。

● 台湾に漂着した琉球の人々が殺害される事件。➡ 1874年，政府は台湾に出兵。

● 政府は，琉球に清との関係を断つように求めたが，琉球側が抵抗。

➡ 1879年，武力で首里城を占拠し，廃藩置県を断行して沖縄県を設置した（琉球処分）。

… 清は抗議したが，のちの日清戦争で台湾が日本に譲渡され，日清間の対立は消滅。

● 沖縄は日本領に編入されたが，土地制度や税制など従来の慣行は続く。やがて同化政策がとられた。

教科書 p.177

（確認） 日本が国境・領土を画定していった経過について確かめよう。

➡ （例）1875年にロシアとの間で樺太・千島交換条約を結ぶ。1876年に小笠原諸島を領有宣言。1879年に沖縄県設置。1895年に尖閣諸島を沖縄県に編入。1905年に竹島を島根県に編入。

（表現） 政府の政策は，琉球やアイヌの人たちにどのような影響を与えたか説明しよう。

➡ （例）同化政策によって，琉球やアイヌ独自の文化が，人々から失われてしまった。

■自由民権運動の始まり

●明治維新のころ，欧米諸国では立憲政治。

…日本でも，憲法をつくって国会を開き，立憲政治を始めようという議論。

➡朝鮮との外交をめぐる政府内部の対立などで実現できずにいた。

●1874（明治7）年，政府を退いていた板垣退助らは，民撰議院設立建白書を政府に提出。

…少数の有力者による専制政治をやめ，早く民撰議院（国会）を開くように主張。

＝国民の自由と権利を求め，立憲政治を目ざす自由民権運動が始まった。

■士族の反乱

●政府の改革に不満をもった士族らは，西日本の各地で蜂起した。

…1877年，西郷隆盛をかつぎ上げ，鹿児島の士族らが政府に反対して挙兵（西南戦争）。

➡政府は，徴兵制による新しい軍隊を出動させ，半年以上かけてしずめた。

■国会開設への動き

●士族の反乱をしずめた政府は，府県に議会を設置し，国民の地方政治への参加が可能に。

●民間では，自由民権運動が都市の知識人や農村の地主，有力な農民などの支持を集めて全国に広まり，各地に民権派の団体がつくられた。

➡1880年，代表者らが大阪に集まって国会期成同盟をつくり，国会開設を政府に請願。

●国会の開設をめぐり，政府内では大隈重信らと岩倉具視らの意見が分かれた。

➡1881年，政府は大隈を辞めさせ，1890年に国会を開くことを約束した。

読み解こう　教p.178

❶憲法の制定や国会の開設。

❷警官は弁士の演説を止めさせようとしている。聴衆は警官に抗議している。

❸活動を抑え込もうとした。

■政党の誕生

●理想とする憲法案（私擬憲法）が発表されたり，憲法の学習会が開かれたりした。

●1881年に，板垣退助を党首とする自由党が，翌年には大隈重信を党首とする立憲改進党がつくられた。…演説会を開いたり，新聞に意見を発表したりして国会開設に備えた。

●政府は，法律で民権派の言論や集会を取りしまったり，民権派の有力者を政府の役職にとり立てた。また，不景気により政治資金が不足して，民権派の勢力は弱まった。

…民権派のなかには，警察と衝突する激化事件を起こす人々も。➡運動は一時下火に。

教科書 p.179

確認　士族の反乱が起こったのはなぜか，確かめよう。

➡（例）新政府の改革によって，刀を差したり，俸禄の支給を受けたりする武士の特権をうばわれたため。

表現　立憲政治の実現を目ざす政府と民権派の考え方には，どのような違いがあったか説明しよう。

➡（例）政府は君主の権限が強い憲法に基づいた立憲政治を目ざしていたのに対し，民権派は国会の開設と政党政治を実現するために立憲政治を目ざしていた。

■内閣制度の確立

●国会開設を約束した政府は，**伊藤博文**らをヨーロッパに派遣，憲法や議会政治を調査。

…君主の権限の強いドイツ（プロイセン）・オーストリアなどで，制度や実情を研究。

➡帰国した伊藤は，宮中の改革や行政制度の整備に着手。

●1885（明治18）年，近代的な**内閣制度**のもと，伊藤博文が初代の内閣総理大臣（首相）。

■大日本帝国憲法の発布

●伊藤が中心となってつくった憲法案は，枢密院での非公開の審議を経て，1889年2月11日，**大日本帝国憲法**として，天皇から国民に与えるという形で発布された。

…憲法では，天皇が国の元首として軍隊を統率し，外国と条約を結ぶなどの大きな権限をもち，大臣の補佐や議会の承認により国を統治することとされた。

●国会は**帝国議会**とよばれ，衆議院・貴族院の二院制。法律をつくり，予算を決める権限。

●国民は，法律の範囲内で，言論・集会・出版・結社の自由や，信仰の自由，信書の秘密，所有権の不可侵などが認められた。

●憲法の発布で，天皇中心の国家のしくみが確立し，国民が国政へ参加できるように。

…日本は，当時アジアでただ一つの，憲法と議会をもつ近代的な立憲国家となった。

●翌年，**教育勅語**が発布。…忠君愛国や父母への孝行などの道徳が，学校教育で広まる。

■民法と「家」の制度

●民法・刑法などの法律が制定，地方自治の整備。

●民法による一夫一婦制。女性の地位は安定した。

…しかし，「家」を中心とする制度のため，家長の権限が強く，財産の相続では長男が優先。男女平等は不十分。

■帝国議会の開設

●1890年，衆議院議員の総選挙が初めて行われ，第1回帝国議会が開かれた。

●選挙権は，直接国税（地租と所得税）を15円以上納める満25歳（被選挙権は満30歳）以上の男子に限定。…有権者は人口の約1.1％で，その多くは農村の地主。

●衆議院では，民権派の政党が多数の議席。

…初めは予算案の審議などで政府と対立したが，しだいに，政府と政党は協力関係に。

教科書 p.181

表現 このとき始まった立憲政治と現在の政治のしくみを比べて，どのような共通点や違いがあるか説明しよう。

➡（例）共通点としては，どちらも国会に立法や予算決定の権限があり，国民にさまざまな自由が認められている点である。一方，違いとしては，このときの立憲政治では天皇に大きな権限があったが，現在の政治のしくみでは国民に主権がある点が異なっている。

3節をとらえる 日本で近代国家の基礎が整えられていった歴史の中で，特に重要だと考えるできごとや言葉を，下の「キーワードの例」も参考にして，教科書p.168〜181から一つ選ぼう。また，その理由を説明しよう。

➡（例）大日本帝国憲法…憲法の制定によって，欧米諸国と同じような立憲政治と国会開催が可能になったから。

4節　激動する東アジアと日清・日露戦争

16　対等な条約を求めて　対外危機の高まりと条約改正
(教p.186〜187)

■列強の植民地拡大

● 19世紀後半，列強諸国では，工業や産業技術が発展。国際的な経済活動が活発化。

● 1869年に，地中海と紅海を結ぶスエズ運河が開通し，ヨーロッパとアジアが接近。

…列強は，資源や市場を求めてアジア・アフリカへの侵略を強め，植民地を広げた。

＝このような動きを帝国主義という。

■アジアに迫る列強

● スエズ運河を手に入れたイギリスは，インドを完全に植民地とし，ビルマ（現在のミャンマー）を支配下においた。

● 清との戦争に勝利したフランスは，ベトナムなどインドシナに勢力を伸ばした。

● ロシアは，日本海に面した沿海州に海軍基地をつくり，シベリア鉄道の建設を始めた。

● アメリカは，19世紀の末にハワイを併合し，フィリピンを獲得。

● 列強の動きに対して，日本政府は危機感を強めた。

■条約改正の歩み

● 日本の重要な課題は，幕末に欧米諸国と結んだ不平等条約を対等なものに改正すること。

…欧米諸国は，日本の近代化が進まないことを理由に，対等な条約を拒否。

➡政府は，欧米の風俗や習慣を取り入れる欧化政策を進め，西洋式の法律を整備し，外国人の裁判官を採用する案を出して条約改正の交渉にあたった。

…国内の反対にあって失敗。

● その後，日本が立憲政治を実現したことを背景に，イギリスが，条約改正に応じた。

➡1894（明治27）年，陸奥宗光が外相の時に，日英通商航海条約が結ばれ，治外法権が撤廃されて，関税自主権の一部が認められた。

…次いで，他の欧米諸国とも同じような条約が結ばれ，1899年から実施された。

● 日露戦争後の1911年，小村寿太郎が外相の時に，関税自主権が確立されて，対等な条約が実現。

教科書
p.187

　確認　帝国主義とは，どのような動きのことか確かめよう。

➡（例）資源や市場を求めて，海外に武力でもって進出し，植民地を拡大する動き。

　表現　欧米諸国が，条約改正に応じたわけを説明しよう。

➡（例）日本が近代国家のしくみを整えてきたことに加えて，植民地競争に明け暮れる列強にとって日本が有益な相手とみなされたため。

■日清戦争

- 19世紀末，朝鮮国内では，近代化を進める開化派と，これに反対する保守派が対立。
- 開化派を支援して朝鮮に進出したい日本は，朝鮮への支配を強める中国（清）と対立。
- 1894（明治27）年，朝鮮の南部で，東学という宗教を信仰する農民たちが，腐敗した政治の改革を求め，外国人を追い出そうとして蜂起（甲午農民戦争）。
- …しずめるために朝鮮政府の求めに応じて清が軍隊を送ると，日本も出兵し，日清戦争が始まった。朝鮮や清の遼東半島（リヤオトン）が戦場となり，日本が勝利。

■下関条約と三国干渉

- 1895年，下関（山口県）で開かれた講和会議で下関条約が結ばれた。
- …清は日本に，朝鮮の独立，遼東半島・台湾・澎湖諸島（ポンフー）の譲渡，賠償金2億両（テール）（当時の日本円で約3億1千万円）の支払いなどを認めた。
- ロシアは，日本が朝鮮や中国に勢力を伸ばすことを警戒し，ドイツ・フランスとともに，遼東半島を清に返還するよう日本に要求（三国干渉）。
- …日本は，賠償金の追加と引きかえに，返還を受け入れた。
- その後，ロシアは遼東半島の一部を清から租借して軍事施設をつくり，日本はロシアの南下に備え，賠償金をもとに大規模な軍備の拡張を進めた。
- 日清戦争の勝利により，ロシアへの対抗心や，中国や朝鮮への差別意識が広まった。

■政党政治の基礎

- 日清戦争後，国内政治の安定が図られ，政党の力がしだいに大きくなった。
- 1898年，民権派の流れをくむ憲政党が結成され，大隈重信を首相とする日本で最初の政党内閣が誕生。
- 1900年，伊藤博文を総裁とする立憲政友会が結成され，衆議院の第一党として政党内閣をつくった。

読み解こう 教p.188

❶左…日本　右…清　魚…朝鮮
❷ロシア。（例）日本と清が争っているすきに，朝鮮への支配を強めたいと考えている。（「漁夫の利」を得たいと考えている。）
❸（例）日本や，ロシアなどの列強が，清や朝鮮など近代化が遅れた国々の政治・経済に，利権を求めて積極的に介入しようとする状態にあった国際関係。

教科書 p.189

確認　下関条約によって，日本が得たものを確かめよう。
➡遼東半島・台湾・澎湖諸島の譲渡を受け（遼東半島は後に清に返還），賠償金2億両を得た。
表現　日清戦争ののち，日本では，どのような動きがあったか説明しよう。
➡（例）ロシアの南下に備えて軍備が拡張され，政党政治が進展して政党内閣が誕生するなどした。一方で，中国や朝鮮への差別意識も広まった。

■分割される中国

● 「眠れる獅子」とよばれ，実力を恐れられていた清が，日清戦争で日本に敗北。

➡列強はいっせいに清へ勢力を伸ばし始めた。

● 19世紀の末，ロシア・ドイツ・イギリス・フランスが，次々に清の領土の一部を租借し，港や軍事施設をつくり，鉄道建設や鉱山開発などの権益（権利とその利益）を獲得。

● 中国を中心とした東アジアの国際関係は崩壊。

➡朝鮮は清からの独立を宣言，1897年に国号を大韓帝国（韓国）に改めた。

■義和団事件

● 列強の進出に対し，清では，日本にならって立憲政治を目ざす改革が始まった。

➡保守派の反発にあって失敗。

● 山東省の各地で，義和団を中心とした民衆が，外国人を追い出そうとしてキリスト教の教会や鉄道の施設を襲った。

➡1900（明治33）年，義和団は北京に入り，清の軍隊とともに各国の公使館を包囲。

➡日本やロシアを中心とする8か国は，共同で軍隊を送りこれをしずめた（義和団事件）。

● 翌年，清は，各国に賠償金の支払いと軍隊の駐留を認めた。

■日英同盟の成立

● ロシアは，義和団事件で満州（中国東北部）に大軍を送り，その後も兵をとどめて満州を占領し，遼東半島の軍事施設をいっそう強化。

…日本は，韓国を勢力下におこうとしていたため，ロシアの動きが大きな脅威。

● 一方，ロシアと対立していたイギリスは，ロシアの東アジアでの勢力拡大に警戒。

…イギリスは日本と協力してロシアをおさえようと考え，日本もイギリスの後ろだてでロシアの南下に対抗しようとした。

➡日本とイギリスは，1902年に日英同盟を締結。

● 日英同盟では，どちらかの国が他国と戦争をした場合には中立を守り，さらに別の国が参戦してきた場合には，共同で戦争に当たることが取り決められた。

読み解こう 教p.191

❶ロシアの，利権獲得のために他国へ介入する動き。

❷（例）「栗を独り占めしているロシアをこらしめてほしい。」

❸利権

❹（例）イギリスはロシアの勢力拡大をくい止めるため，日本は列強の後ろだてを得るため，締結された面。

教科書 p.191

確認 清の領土に勢力を伸ばした国をあげよう。

➡日本，ロシア，ドイツ，イギリス，フランス

表現 日英同盟を結んだころの日本と，韓国，清，ロシア，イギリスの関係を，図に表して説明しよう。

➡（例）勢力拡大をねらうロシアに対し日本とイギリスが協力して対抗すること，加えてその3国が清に進出，日本とロシアが朝鮮に進出，清と朝鮮の関係が弱体化していることが描けていればよい。

■日露戦争の始まり

●満州を占領したロシアは，清との条約で兵を引きあげることを約束したが，期限が来ても撤兵せず，韓国にも軍事施設をつくり始めた。

…日本は，外交交渉で，満州でのロシアの権益を認めるかわりに，韓国に対する日本の支配権を認めさせようとした。

●日本国内では，多くの新聞が，ロシアと戦うことを主張し，開戦の世論が強まった。

…一方，経済界は開戦に慎重論を唱え，キリスト教徒の内村鑑三や社会主義者の幸徳秋水らは，非戦論を唱えて戦争に反対したが，世論は動かなかった。

●ロシアとの交渉はまとまらず，1904（明治37）年2月，日本軍はロシアの軍事拠点の旅順を攻撃，中立を宣言していた韓国の仁川に上陸して，**日露戦争**が始まった。

■戦争と国民生活

●戦争は，韓国と満州が主な戦場。

●旅順や奉天の占領，**東郷平八郎**の日本海海戦の活躍など，日本軍は有利に戦う。

●しかし，日本は多数の死傷者を出し，戦費や物資が不足。国民生活も苦しく，戦争をこれ以上続けることは難しくなった。

●ロシア国内でも，国民生活が悪化して革命運動が起こり，和平を求める声が高まった。

■戦争の講和と影響

●日本は，アメリカ大統領に講和の仲立ちを求め，1905年9月，ポーツマスで講和会議。**ポーツマス条約**が結ばれた。

…ロシアは，韓国における日本の優越権を認め，遼東半島の租借権や南満州鉄道の権益を日本にゆずり，樺太（サハリン）の南半分を日本領とすることを認めた。

●しかし，日本国民からは，賠償金が取れないことなどに対し，強い不満の声が上がり，新聞が講和反対や戦争継続を主張したほか，各地で民衆の騒動も起こった。

●一方で，日露戦争の勝利によって，日本も列強の一員であるという意識が広がった。

●日本の勝利は，列強の侵略に苦しむ中国，インド，トルコなどの人々を励まし，アジア諸国で民族独立や近代化の動きが活発に。

●東アジアでの日本の影響力が強まり，欧米諸国は日本の勢力拡大を警戒するようになった。

教科書 p.193

確認 ポーツマス条約によって，日本が得た領土や権益について確かめよう。

➡領土：樺太の南半分。権益：韓国における日本の優越権，遼東半島の租借権や南満州鉄道の権益。

表現 日露戦争が，国内・国外に及ぼした影響を説明しよう。

➡（例）日本の朝鮮半島や満州への権益が拡大し，その方面の軍事的・経済的活動が活発になった。また国民は，日本は列強の一員という意識をもつようになり，欧米諸国は日本の勢力拡大に警戒するようになった。

■韓国併合

●日本は，ポーツマス条約後すぐに，韓国を保護国とした。

…韓国の外交権を握り，韓国に統監府をおいて統監が外交を監督。初代統監は伊藤博文。

●日本は，やがて韓国の内政の実権も握り，軍隊を解散させ，支配を強めた。

➡国としての権利をうばわれた韓国では，日本と戦う義兵などの抵抗運動が広がった。

●日本は韓国の抵抗をおさえ，1910（明治43）年，韓国を領有して朝鮮と改めた。

＝これを**韓国併合**という。

●日本は，朝鮮に朝鮮総督府をおき，武力を背景に植民地支配を行った。

■日本の植民地政策

●朝鮮の人々には，日本人と同じく天皇や国家に忠誠を誓うよう，同化政策がとられた。

●学校では，朝鮮語や朝鮮の歴史より，日本語や日本の歴史，修身が重視された。

●一方で，土地調査事業の結果，近代的な土地所有権が確立された。

●土地の払い下げなどを受け，朝鮮で大土地を所有する日本人の地主が現れた一方，朝鮮の小作人などの農民は困窮し，農村を離れたり，日本や満州に移住する人々もいた。

■関東州と満鉄

●日本は，ポーツマス条約で獲得した遼東半島の租借地を関東州とし，旅順に関東都督府をおいた。

●日本は，南満州鉄道株式会社（満鉄）を設立し，鉄道のほか，炭鉱や製鉄所なども経営も始めた。

➡満州への勢力拡大は，アメリカが反発し対立した。

■中華民国の成立

●日清戦争や義和団事件で清がおとろえ，中国では清を打倒しようとする運動が高まった。

●孫文は，三民主義を唱えて革命運動を進めた。

●1911年，武昌で軍隊が蜂起したのをきっかけに，多くの省が清からの独立を宣言。＝**辛亥革命**

●翌年，南京で孫文を臨時大総統とする**中華民国**の建国が宣言され，孫文は，軍人の袁世凱と結んで皇帝を退位させ，清をほろぼした。…アジアで最初の共和国。

●その後，孫文に代わって実権を握った袁世凱は，首都を北京に移し，独裁政治を開始。

➡袁世凱の死後も，各地で軍閥が争い中華民国は混乱。

教科書 p.195

表現 韓国併合や辛亥革命の前後で，東アジアの地図がどのように変わったか説明しよう。

➡韓国併合によって朝鮮半島は日本領となり，辛亥革命によって清はほろんで中華民国ができた。

4節をとらえる 日清・日露戦争を戦い，韓国を植民地とした歴史の中で，特に重要だと考えるできごとや言葉を，下の「キーワードの例」も参考にして，教科書p.186〜195から一つ選ぼう。また，その理由を説明しよう。

➡（例）帝国主義…日本が近代化したときの世界的な潮流であったため，帝国主義の中で世界的な地位を確立することが国の発展につながると考えられたから。

5節　近代の産業と文化の発展

21　近代産業を支えた糸と鉄　日本の産業革命

（教p.196〜197）

■製糸業と紡績業の発展

- 1880年代，殖産興業の推進のために，中央銀行として日本銀行を設立。
…紙幣を発行するなど，金融制度を整備。
- 官営工場や鉱山などの事業を，三井・三菱の実業家に払い下げ，民間産業育成を図った。
- 1880年代後半，製糸業と紡績業が急速に発展。
- 製糸業は，伝統的な技術が西洋の技術で改良され，長野県・群馬県などに多くの工場。
➡生産の増えた生糸は，アメリカを中心に輸出された。
- 紡績業は，機械が輸入され生産を増やし，日清戦争後，綿糸が清や韓国などに輸出された。
- 1900（明治33）年ごろまでに軽工業を中心に日本でも産業革命が進み，資本主義が確立。

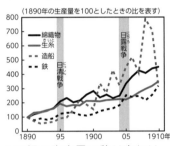

▲工場の生産量の移り変わり

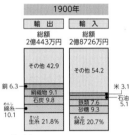

▲日清戦争後の輸出品・輸入品の割合

■重工業の発達

- 日清戦争後には，鉄道の建設や軍備の拡張のために，鉄鋼の需要が高まった。
- 政府は，清から得た賠償金などで官営の八幡製鉄所を設立，1901年に鉄鋼の生産を開始。
- 日露戦争後，鉄鋼業や造船業を中心に，民間の重工業もしだいに発達していった。
- 工業原料や軍需品などの輸入が増えたため，貿易全体では輸入が輸出を大幅に上回る。

> **読み解こう**　教p.197
> ❶大都市と，貿易港や主要輸出品，鉱産資源の産地を結んだところ。
> ❷（例）中国からの鉄鉱石輸入に都合がよく，炭田も近かったから。

■鉄道や海運の広がり

- 1872年に初めて開通した鉄道は，官営に加えて民間による建設が進み，鉄道網が全国に。
- 日露戦争後，経営の統一や軍事輸送の目的から，民間の主な鉄道は国有化された。
- 海運も発達し，国内・外国航路が次々に開設された。
- 鉄道や海運の広がりで，人や物資を短時間で大量に輸送可能に。経済の発展を支えた。

> **教科書 p.197**
> **確認**　日本の産業革命は，いつごろ，どんな産業を中心に進んだか確かめよう。
> ➡1900年ごろまでに，製糸・紡績などの軽工業を中心に進んだ。
> **表現**　日露戦争ののち，日本の産業や貿易は，どのように変化したか説明しよう。
> ➡（例）鉄鋼業や造船業などの重工業が発達し，工業原料や軍需品などの輸入が増えた。

■農村と都市の変化

● 産業が発展し，農村でも，肥料や衣料などを現金で購入。…商品経済の浸透。

● 農地を買い集めて大きな地主となる農民が現れた一方で，農地を手放して小作人になったり，工場に出かせぎに出たりする人々も増えた。

● また，土地や仕事を求めて，ハワイなど，海外に移住する人々も現れた。

● 都市では，工場で働く労働者の増加によって，人口が大きく増えた。

…大都市では，不衛生な生活環境のなかで暮らす貧しい人々が増えるなどの問題が発生。

■厳しい労働条件

● 工場労働者のうち，製糸業や紡績業は，大半を女工とよばれる女性たちが占めた。

● 女工たちの多くは農村からの出かせぎで，長い労働時間と低い賃金のもと就業。

■社会運動の始まり

● 日清戦争後，労働者が団結して労働条件を改善する運動が，片山潜らの指導で進んだ。

➡ 労働組合が結成され，**労働争議**も起こった。

● 政府は，1900（明治33）年に治安警察法を制定し，労働運動を取りしまる一方で，日露戦争後には，労働条件の改善を目ざした工場法を制定した。

● 幸徳秋水らは，日本で最初の社会主義政党である社会民主党を結成したが，治安警察法によって直ちに解散させられるなど，社会主義運動は厳しく弾圧された。

● 1910年，明治天皇の暗殺を計画したとして，多くの社会主義者が政府に捕らえられ，幸徳秋水らが死刑になるという大逆事件も起こった。

■足尾鉱毒事件

● 産業の急速な発展は，環境や人々の生活にも大きな影響を与えた。

● 1877年に民間に払い下げられた足尾銅山（栃木県）は，西洋式の技術改良で，産出量が急増。

…一方で，鉱毒を含む廃水が渡良瀬川に流出し，農作物や地域住民に大きな被害。

● 地元の衆議院議員だった田中正造は，住民とともに，操業停止や被害者の救済を求める運動。

➡ 政府は，銅山の会社に鉱毒の防止を指示したが，対策が不十分。その後も被害が続いた。

…深刻な公害問題に。

教科書 p.199

確認 政府が，治安警察法を制定した目的を確かめよう。

➡ （例）労働運動や社会主義運動を取りしまるため。

表現 前の時間の学習と合わせ，産業革命がもたらした光の面と，かげの面について説明しよう。

➡ （例）光の面…技術革新で人々の暮らしがより便利に豊かになった。かげの面…工業が盛んになり，工場で働く人は長時間働かされ，都市の住環境も悪化し，鉱山の周辺では公害も発生するようになった。

■教育の普及

- 政府は，1886（明治19）年に学校令を制定し，小学校の4年間を義務教育とした。
- 日露戦争後，義務教育が6年間に延長され，就学率も100％に近づいた。
- 一方，小学校の教科書が国定になるなど，教育内容の統一が強まった。
- 高等教育は，国立の東京大学や，女性教員を養成するための女子師範学校（現在のお茶の水女子大学）が設立。
- …民間でも，独自の校風をもつ私立学校が発展するなか，津田梅子が女子英学塾（現在の津田塾大学）を設立するなど，女子教育が盛んになった。

▲津田梅子

■新しい近代文化の誕生

- 教育の普及に支えられて，新しい文化が開花。
- …多くは，西洋の文化に学んだり刺激を受けたりして，伝統文化を独自に発展させたもの。
- 学問では，ドイツの影響を強く受けた医学や哲学などが発達。物理学や化学をはじめとする自然科学の研究も進んだ。
- …野口英世や北里柴三郎，長岡半太郎らにより，世界で最先端の研究や発見が生まれた。

▲野口英世

▲北里柴三郎

- 文学では，これまでの勧善懲悪の物語を批判し，西洋の文芸理論を取り入れた新たな小説を目ざす動き。
- …日清戦争のころには，森鷗外や樋口一葉らが，自由な感情や個性を尊重する作品を発表。日露戦争のころには，夏目漱石が個人の生き方を見つめる作品で，多くの読者を獲得した。

▲森鷗外

▲樋口一葉

- 島崎藤村や石川啄木らは，清新な詩をつくり，正岡子規は，俳句の革新に尽力した。
- 美術では，フランスの画風に学んだ黒田清輝らが，新たな洋画を発展させた。
- …一方で，岡倉天心やフェノロサにより，伝統的な日本の美術も見直され，横山大観の日本画や高村光雲の彫刻などは，海外でも高い評価。
- 音楽では，学校の唱歌などを作曲した滝廉太郎らが活躍した。

教科書 p.201

表現 明治時代の文化の特色について説明しよう。

➡ （例）西洋の文化に学んだり刺激を受けたりして，伝統文化を独自に発展させた。

5節をとらえる 産業が発展し，人々の生活や文化が変化した歴史の中で，特に重要だと考えるできごとや言葉を，下の「キーワードの例」も参考にして，教科書p.196〜201から一つ選ぼう。また，その理由を説明しよう。

➡ （例）産業革命…技術の進歩によって生活が大きく変化し，また新聞や出版物などが増えることで人々が新たな文化に触れる機会が多くなったから。

1　Ⓐ人権　Ⓑペリー　Ⓒ日米修好通商　Ⓓ尊王攘夷　Ⓔ戊辰　Ⓕ文明　Ⓖ自由民権　Ⓗ植民地
　　Ⓘ日清　Ⓙ義和団

2　坂本龍馬…薩長同盟　　　徳川慶喜…大政奉還，江戸幕府の滅亡

　　ワシントン…アメリカ合衆国独立宣言　　　リンカン…南北戦争
　　　　　　　　　　　　　　　　　　　　　（リンカーン）
　　明治天皇…五箇条の御誓文，大日本帝国憲法，大逆事件
　　伊藤博文…岩倉使節団，大日本帝国憲法，帝国議会，日清戦争，韓国併合
　　陸奥宗光…治外法権の撤廃，日清戦争
　　与謝野晶子…日露戦争，文学　　　孫文…辛亥革命，中華民国

3　a…⑤　b…①　c…②　d…⑪　e…⑦　f…⑥　g…⑧　h…⑩　i…④　j…⑨　k…③

4　（例）天皇が国の元首として，軍隊の統率や，その他の機関を統治するなどの大きな権限をもっている。

5　（例）製造業において，近世までの工場制手工業では，おもに大勢の人の手によって製品が作られていたのに対し，近代では機械が導入されることで，人手はなるべく少なくされ，一度に大量の製品が作られるようになった。

6　（省略）

7　（省略）

時代の変化に注目しよう！

❶ポーツマス条約。（例）満州や韓国への支配を強めようとしたロシアと、それらの権益を失うことを恐れた日本が対立して引き起こされた。戦争は大規模なものになり，多数の死傷者が出たうえに，戦費・物資の不足で国民の生活は悪化した。
❷飛行機の翼。（例）日露戦争に比べて，その10年後に起こった戦争は，飛行機や飛行船などの新兵器が投入されて大量の死傷者を出すようになった。

1節　第一次世界大戦と民族独立の動き

大正・昭和初期の暮らしと社会 （教p.208〜209）

（Q1）（例）百貨店の店員やバスの車掌として女性が働いている。

（Q2）（例）買い物が娯楽のようになり，人々が都市内を自由に移動できるようになった。豊かな人々が増え，生活に楽しみを求める余裕が生まれたため。

（Q3）（例）経済的に大きく成長したのではないか。

1　クリスマスまでには帰れるさ　第一次世界大戦の始まり　（教p.210〜211）

■ヨーロッパの火薬庫

● 20世紀に入り，三国同盟のドイツ・オーストリア・イタリアは，植民地の再分割などを求めて勢力の拡大を図る。

➡ 多くの植民地や勢力圏をもつイギリス・フランス・ロシアは，三国協商を結んで対抗。

● ヨーロッパのバルカン半島では，オーストリアが，セルビアに隣接する地域を併合し，両国の関係が悪化。さらに，ロシアと結ぶバルカンの国々とオスマン帝国（トルコ）の間，またバルカンの国どうしでも，民族対立や領土をめぐって戦争があい次いだ。

… ロシアとオーストリア・ドイツの対立を背景に，不安定な国際情勢が続いたため，バルカン半島は「ヨーロッパの火薬庫」とよばれた。

■第一次世界大戦の始まり

● 1914（大正3）年6月，サラエボでセルビア人が，オーストリアの皇太子夫妻を暗殺。

➡ オーストリアがセルビアに宣戦すると，8月ドイツはオーストリアに，ロシア・イギリス・フランスはセルビアについて参戦し，同盟国側と協商国（連合国）側との間で第一次世界大戦が始まった。

● 日本は，日英同盟を理由に連合国側に加わり，トルコが同盟国側に加わったため，戦場は地中海地域からアジアにまで拡大。

日露協約（1907）
日本
日英同盟（1902）
イギリス
三国協商（1907）
フランス　ロシア
ドイツ　オーストリア
三国同盟（1882）
イタリア

▲ヨーロッパの列強諸国の対立と，日本との関係

■新兵器と総力戦

● 大戦が始まった時，多くの人々は，戦争はすぐに終わると考えていた。

➡ 戦争は予想をこえて長引き，兵士の動員増，軍需品も大量に使用された。

● 飛行機・戦車・潜水艦や毒ガスなどの新兵器が登場し，死傷者が増大。

●参戦した国々では，軍需産業を優先する政策がとられ，徴兵された男性に代わり，女性や青少年が軍需工場で働かされた。

●食料や生活品の配給制が実施され，国民の日常生活が，さまざまな統制を受けた。

●イギリスやフランスは，植民地からも人々を兵士や労働力として動員。

●国力のすべてを戦争につぎ込み，社会全体を戦争協力に巻き込む，**総力戦**の体制。

…国民の協力が必要なため，政府は，参政権拡大などを求める国民の声を聞くように。

教科書 p.211

（確認）第一次世界大戦と，これまでの戦争との違いを二つあげよう。

➡（例）飛行機などの新兵器が登場し，死傷者が増大したこと。国力のすべてをつぎ込んだ総力戦であったこと。

（表現）戦争が総力戦になったことで，どのような人々に，どのような影響をもたらしたか話し合おう。

➡（例）女性や青少年が労働力とされ，植民地からも兵士や労働力が募られた。一方で，戦争に協力することで，参政権などの権利拡大にもつながった。

---

2 成金の出現 第一次世界大戦と日本 （教p.212～213）

■日本の参戦と二十一か条の要求

●日本は，日英同盟を結んでいたイギリスの求めを受けて，1914（大正3）年8月，ドイツに宣戦し，連合国として第一次世界大戦に参戦。

➡中国の山東半島にあるドイツの軍事拠点や，ドイツ領の南洋諸島を占領。

●大戦で列強はアジアへの関心を弱めた。

➡日本政府は，1915年に中国政府に対し**二十一か条の要求**を提出。内容は，大陸での日本の権益を拡大するもの。

➡中国は主権の侵害として反発。しかし，日本は軍事力を背景に多くの要求を認めさせた。

■大戦景気

●大戦中は，世界各国で船が不足し，日本の船が盛んに使われた。

➡国内では，海運業や造船業がめざましい発展をとげ，ドイツからの輸入がとだえた薬品や化学肥料の国産化も進み，重化学工業が急成長した。

●アメリカへの生糸の輸出や，中国への綿糸・綿織物の輸出が急増，繊維業も活発化。

●蒸気に代わる動力源として，電力が広く普及。各地に水力発電所が建設された。

●日本経済は好景気。輸入が輸出を上回る状態から，輸出が輸入を大幅に上回る状態に。

＝**大戦景気**

●大戦景気で，にわかに大金持ちとなった「成金」が現れ，大きな利益を上げた三井・三菱・住友・安田などの大企業は，事業をさらに広げて，経済界を支配する**財閥**へと成長。

教p.213資料7〈Q〉紙幣

■アメリカの繁栄

- アメリカは，19世紀末から急激な経済成長。第一次世界大戦前には世界一の工業国。
- 1898年にスペインとの戦争に勝ち，スペインの植民地を獲得。中国への進出を図った。
- 第一次世界大戦が始まった当初，アメリカは中立を守っていたが，やがて軍需品や資金の提供を通して連合国側との結びつきを強めた。

教科書 p.213

> 確認　第一次世界大戦中の日本と，ドイツ・中国との関係を確かめよう。
> ➡（例）日本は，日英同盟を基に連合国として第一次世界大戦に参戦しドイツと交戦。中国のドイツ拠点やドイツ領南洋諸島を占領した。一方で中国には，中国の主権を侵す二十一か条の要求を出し，中国での権益拡大を図った。
> 表現　日本で，「成金」とよばれる人々が生まれたのはなぜか説明しよう。
> ➡（例）重化学工業や繊維業が発展し，これらの企業が急速に成長したから。

3　パンと平和，民主主義を求めて　ロシア革命とアメリカの参戦　（教p.214〜215）

■ロシア革命

- 第一次世界大戦開始後，ロシアは各所で敗北。都市では，食料や燃料の不足が深刻に。
- 国民は，戦争をやめない皇帝・政府を非難。中央アジアやウクライナでは独立運動。
- 1917（大正6）年3月，首都ペトログラード（現在のサンクトペテルブルク）で，女性や労働者が，パンと平和を求める抗議行動。軍の兵士も加わり，ソビエトという自治組織を結成。
➡皇帝は退位し，帝政は倒れた。
- しかし，議会が主導する臨時政府も戦争を続けたため，同年11月，レーニンらが蜂起。
➡臨時政府を倒して，ソビエト政府を樹立。
＝ロシア革命

■社会主義と講和原則

- ソビエト政府は，地主の土地を農民に分配し，資本家の工場や銀行を国有にして，社会主義を目ざすことを宣言。
- すべての交戦国に対し，「無併合・無賠償・民族自決」の原則に基づく講和を呼びかけ。
➡聞き入れられず，不利な条件を受け入れ，単独で同盟国側と講和を結んだ。

■アメリカの参戦

- アメリカは，開戦当初は中立。
➡ドイツの潜水艦による攻撃で，アメリカ人に被害。
➡1917年，連合国側に加わって参戦。

- 1918年1月には，アメリカのウィルソン大統領が，ソビエト政府に対抗して「十四か条の平和原則」を発表。議会制民主主義が戦後の政治の基礎となるべきだと主張。
- ソビエト政府とアメリカが示した原則や，新しい政治・社会の考え方は，世界中に影響。

■干渉戦争とソ連の成立

- 世界初の社会主義革命のロシア革命は，各国の労働運動や植民地解放運動に大きな影響。
➡恐れた連合国側は，1918年，ロシア各地に軍隊を派遣，国内の反ソビエト派を支援。
…日本もまた，**シベリア出兵**によって，これに参加。
- ソビエト政府は，労働者や農民を動員して，この干渉戦争を乗り切る。
➡1922年，**ソビエト社会主義共和国連邦（ソ連）**を結成。当面は，国家として認められなかった。

教科書 **p.215**

> 【確認】 ソビエト政府とアメリカが示した原則で，共通している点を確かめよう。
> ➡（例）従来のように武力に頼らず，議会での話し合いで問題を解決しようとした点。
> 【表現】 連合国側が，干渉戦争に乗り出したわけを説明しよう。
> ➡（例）ロシア革命に影響されて，労働運動や民族運動が自国や植民地で広がるのを防ぐため。

4　不戦の誓い　国際協調と民主主義の広がり　（教p.216〜217）

■第一次世界大戦の終結

- 1918（大正7）年，同盟国は次々降伏。休戦を申し出たドイツでも革命，帝政が倒れた。
➡第一次世界大戦は，連合国側が勝利した。
- 1919年，パリで講和会議。講和は，アメリカのウィルソン大統領の平和原則を基礎にした。
…しかし，戦勝国の要求を認めたため，原則は部分的にしか実現しなかった。
- 会議で結ばれた**ベルサイユ条約**で，ドイツは領土の一部と植民地のすべてを失い，軍備の制限や巨額の賠償金の支払いを命じられた。
➡日本は，中国のドイツ権益を受け継ぎ，ドイツ領の南洋諸島を委任統治領として獲得。

▲日本の委任統治領

- 東ヨーロッパでは，ポーランドなどの独立が認められたが，国境問題など不安定な状態。
- アジア・アフリカの植民地の独立や，日本の二十一か条の要求に対する中国の抗議は，退けられた。

■国際連盟の設立

●講和会議では，国際連盟の設立も決定。

●国際連盟は，国々が協力して国際社会の平和と安全を守るための歴史上初めての組織。

…1920年，日本も含め42か国が参加して発足。スイスのジュネーブに本部。

●初めは敗戦国やロシアが加盟を認められず，アメリカも議会の反対で加盟せず。

…ヨーロッパの大国を中心に運営。

■軍縮と国際協調

●大戦の反省から軍備を縮小する動き。

…1921～22年，アメリカの提案でワシントン会議が開催された。

●日本は，海軍の主力艦の保有を制限する条約をはじめ，太平洋地域の現状維持や，中国の主権尊重・領土保全などを取り決めた条約に調印。

➡この結果，日英同盟解消。日中間の直接交渉で，山東省の日本権益が中国に返還された。

●国際連盟の総会は外交の重要な場になった。

…1928年，国際紛争を平和的に解決する不戦条約が結ばれ，国際協調の気運が高まった。

■民主主義の拡大

●大戦後，参戦各国や新たな独立国では，戦時下の国民の協力にこたえる一方，ロシア革命の影響に対抗するため，国民の意思を政治に反映させる議会制民主主義が広がった。

●共和国となったドイツでは，ワイマール憲法により，20歳以上のすべての男女に選挙権が認められ，労働者の団結権も保障された。

読み解こう 教p.217

❶省略

❷（例）独立運動につながり，ヨーロッパの国々にとっては植民地を失うことになるから。

❸（例）列強の軍事的支配が弱まり，主権を取り戻そうとする動きが強まったのではないか。

教科書 p.217

確認 ベルサイユ条約で，ドイツはどのようなことを要求されたか確かめよう。

➡領土の一部と植民地のすべての領有を放棄することと，軍備を制限すること，さらに巨額の賠償金を支払うこと。

表現 大戦後に国際社会で起こった大きな動きを三つあげて，大戦前との違いを説明しよう。

➡（例）①国際連盟の設立…大戦前は，世界の国々が協力して国際問題にあたることはなかった。②国際的軍縮…大戦前は，国際社会が協調して軍縮することなどなかった。③議会制民主主義の普及…大戦前は，議会制民主主義は限られた国のものだったが，多くの国々で採用されるようになった。

■朝鮮の三・一独立運動

- 第一次世界大戦後，日本の植民地だった朝鮮で，独立への希望が高まった。
- 1919（大正8）年3月1日，京城（現在のソウル）で朝鮮の独立が宣言された。
- …人々が行進したのをきっかけに，独立を求める運動が朝鮮全土に広がった。
- ➡朝鮮総督府が，軍隊や警察の力でこれをおさえつけると，運動は激化。多くの死傷者。
- 独立運動は5月まで続いた。＝三・一独立運動。
- 日本政府は，朝鮮の人々の権利を一部認めたが，同化政策に基づく植民地支配は維持。

■中国の五・四運動

- 中国では，パリ講和会議により，山東省でのドイツの権益の返還が期待された。
- ➡しかし，日本が権益を受け継ぐことが決まった。
- ➡1919年5月4日，北京の学生たちが抗議し，日本製品の不使用を訴えるなどの運動を起こし，全国に広がって帝国主義に反対する運動へと発展。＝五・四運動。
- この後，孫文は中国国民党をつくり，ソ連や，1921年に結成された中国共産党と協力して，民族の独立と国家の統一を目ざす国民革命を進めた。
- ➡しかし，孫文の死後に国民党の実権を握った蔣介石は，1927年に南京に国民政府をつくり，中国共産党と対立。

■インドの民族運動

- インドを植民地にしていたイギリス。
- …インドに自治を与える約束と引きかえに，第一次世界大戦で多くのインド人兵士を動員。
- ➡大戦後のイギリスの統治改革は，インドの人々を失望させ，民族運動を弾圧する法律も含んでいた。
- ガンディーらは，完全な自治を求めて「非暴力・不服従」の運動を起こし，イギリスからの独立運動を推進。

教科書
p.219

(表現) アジアで民族運動があい次いだ背景について，「第一次世界大戦，民族自決，独立」の用語を使って説明しよう。

➡（例）第一次世界大戦の結果，ヨーロッパでは民族自決を掲げて多くの国が独立した一方，アジアでは相変わらず多くの地域で植民地の状態が続いていたため。

(1節をとらえる) 第一次世界大戦が各地に影響を与えた歴史の中で，特に重要だと考えるできごとや言葉を，下の「キーワードの例」も参考にして，教科書p.210〜219から一つ選ぼう。また，その理由を説明しよう。

➡（例）国際連盟…国同士が，力の強弱に関係なく対等な話し合いで国際問題の解決を探る史上初の機関であったため。

2節　大正デモクラシー

6　憲政の本義を説いて　民衆運動の高まりと本格的政党内閣の成立　(教p.220〜221)

■護憲運動

● 日本でも，大正時代を中心に，民主主義の風潮が広がった（**大正デモクラシー**）。
● 日露戦争前後は，藩閥や官僚を後ろだてとする桂太郎と，立憲政友会の総裁の西園寺公望が，交互に内閣を組織していた。
… 1912（大正元）年，西園寺内閣が倒れると，陸軍大将の桂太郎が3度めの組閣。
➡ 尾崎行雄・犬養毅らの政治家や新聞記者は，立憲政治に反しているとして，桂内閣打倒の運動を起こし，民衆の支持を集めた（**第一次護憲運動**）。
➡ 桂内閣は50日あまりで総辞職。その後，政党の勢力がしだいに強まった。

■民本主義

● 第一次世界大戦を機に，世界的なデモクラシーの流れ。➡ 吉野作造は**民本主義**を唱えた。
● 民本主義…民意に基づく政治を大日本帝国憲法の枠内で実現するために，議会に基礎をおく政党内閣制の確立と，二大政党による政権交代を説いた。
➡ 美濃部達吉が主張した憲法学説とともに支持され，政党政治を求める世論が高まった。

> **読み解こう　教p.221**
> ❶ 第一次世界大戦…1914〜19　シベリア出兵…1918〜22
> ❷（例）1919年に米価の上昇率が賃金を超えた。総物価も米価と同様の上昇をみた。

■米騒動

● 大戦中は好景気…賃金・物価の上昇。特に，戦争の長期化や，シベリア出兵で米価が上昇。
➡ 1918年の夏，米の安売りを求めた民衆が米屋や精米会社を襲う**米騒動**が起こり，新聞で報じられると，騒動は全国各地に広がった。
➡ 政府は米を安くする一方，軍隊で騒動を鎮圧。

■本格的政党内閣の成立

● 米騒動で陸軍出身の寺内正毅首相が辞職し，1918年9月，立憲政友会総裁の**原敬**が首相に。
… 原は，華族の爵位をもたず，軍人出身でもない初めての首相。
● 原内閣は，外務・陸軍・海軍の3大臣以外の閣僚はすべて，衆議院の第一党である立憲政友会の党員が占める本格的な**政党内閣**。
… 選挙権の拡張など，政党政治を強く推進。

> **教科書 p.221**
>
> （確認）原内閣と，それ以前の内閣との違いを確かめよう。
> ➡（例）それまでの内閣とは違い，首相の原は華族でも軍人でもなく，内閣閣僚は与党の党員が多くを占める本格的な政党内閣であった。
>
> （表現）大正時代に政党政治が発展していった背景を，「藩閥，護憲運動，デモクラシー」の用語を使って説明しよう。
> ➡（例）藩閥政治を繰り返して誕生した桂内閣に対し，立憲政治に反するとして人々が辞職を求めた第一次護憲運動が成功することで，民意に基づく政治（デモクラシー）が支持され，民意が反映された衆議院の第一党による政党政治が実現していった。

■協調外交

●第一次世界大戦後，国際連盟の常任理事国となった日本は，国際協調を重視した外交。

…政府は，中国への武力行使を抑制する政策をとり，陸軍や海軍の軍縮も行った。

■社会運動の高まり

●大戦が終わると，日本の貿易は再び輸入が輸出を上回り，景気が悪化。＝戦後恐慌

➡ロシア革命や米騒動などの影響も受け，社会運動が活発になった。

●賃上げや労働時間短縮を掲げた労働争議が頻発。1920（大正9）年に日本初のメーデー。

●社会主義者の活動も活発化。1922年に日本共産党がひそかに結成。

●農村では，小作料の引き下げや耕作権を求める**小作争議**。1922年に日本農民組合が結成。

●女性の社会的差別の撤廃運動は，明治時代の末から平塚らいてうらが進めていた。

➡大戦後には，市川房枝らによって，女性の参政権の獲得を目ざす運動も起こった。

●部落差別に苦しむ人々は，1922年に**全国水平社**を設立し，差別からの解放を求めた。

●北海道では，アイヌの人たちの差別をなくす運動。1930年に北海道アイヌ協会が設立。

■普通選挙と治安維持法

●1920年代に入ると，出身・身分・財産・納税額などで選挙権を制限しない，普通選挙の実現を目ざす普選運動が活発になった。

●1924年，政党から閣僚を入れず貴族院を中心に組閣した内閣が成立。

➡第二次護憲運動が起こり，護憲派の政党の連立によって加藤高明内閣が成立。

➡この後，1932年まで，憲政会（後の立憲民政党）と立憲政友会が交互に政権を担当する，政党内閣の時代。

●1925年，加藤内閣で**普通選挙法**が成立。

…満25歳以上のすべての男子に衆議院議員の選挙権が与えられた。

●二大政党が組閣する慣例は「憲政の常道」とよばれ，社会主義政党も議席を得た。

●一方政府は，天皇中心の国のあり方を変革したり，私有財産制度を否定する運動を取りしまるため，1925年に治安維持法を制定。

➡共産主義に対する取りしまりが強められ，やがて社会運動全体が制約を受けるように。

読み解こう 教p.223

❶ （例）女性が男性に依存している様子が，太陽の光がなければ輝くことができない月と似ているから。

❷ （例）フランスの人権宣言と同じく，水平社宣言が，すべての人の人権が尊重されるに値することをうたっているから。

教科書 p.223

確認 第一次世界大戦ののち，日本では，どのような社会運動が起こったか確かめよう。

➡（例）労働争議，社会主義運動，小作争議，女性運動，部落解放運動，アイヌ差別解放運動 など

表現 普通選挙法の成立と同じ年に，治安維持法が制定されたわけを説明しよう。

➡（例）治安維持法のような国民の権利を狭めるような法律は，普通選挙法のような国民の権利を拡充する法律と同時期に成立させれば，人々の注目をそらすことができ，反対にあいにくいと考えられたため。

■都市の生活

●大正時代，工場労働者，給与生活者（サラリーマン）が増え，都市の人口が急増。

●タイピストやバスの車掌，電話交換手などの職業に就く女性（「職業婦人」）も増えた。

●東京や大阪などの大都市では，住宅地が郊外に広がり，都心と鉄道で結ばれた。

●市内の交通は，市電やバス・タクシーが中心となり，東京では地下鉄も開通した。

●衣食住の生活様式も西洋化。女性も洋服を着るように。洋食や洋菓子も普及。

●郊外には，洋間を設けた「文化住宅」が建てられた。

➡生活の変化は，少しずつ農村へ及んでいった。

■文化の大衆化

●大正時代には，中学校・高等学校・大学などが増設された。

➡「インテリ」とよばれた知識層が拡大し，メディアが発達，文化が大衆の間に広まった。

●新聞は，戦争や災害などの報道を通じて，急速に発行部数を伸ばした。

●総合雑誌や女性・子ども向けの雑誌の発行，文庫本や1冊1円の文学全集も多く出版。

●1925（大正14）年にラジオ放送が始まると，国内外のできごとが全国に伝わるように。

●大衆の娯楽として，映画や歌謡曲，野球などのスポーツが人気を集めた。

…映画やジャズから，アメリカの文化も流入し，「モダン（近代）」という言葉が流行。

■新しい学問と文学・芸術

●学問や文学・芸術にも，新たな傾向。

…西洋と東洋の哲学の融合を試み『善の研究』を著した西田幾多郎，庶民の生活や伝承を研究し，民俗学を提唱した柳田国男など，独創的な研究者が出現。

●文学では，人道主義をかかげる志賀直哉らの白樺派や，谷崎潤一郎や芥川龍之介などの作品が，人々に親しまれた。

●労働者や農民の立場で社会問題を描く，小林多喜二らのプロレタリア文学も誕生。

●美術では，洋画の岸田劉生，音楽では，洋楽の山田耕筰らが活躍。

教科書
p.225

> (表現) 大正時代の生活や文化の特色について，明治時代との違いをあげながら説明しよう。
> ➡ (例) 明治時代は政府による近代化の推進にともなって文化が大きく変わったのに対し，大正時代は特に都市部の庶民の生活が大きく変わったことが新しい大衆文化を生む要因となった。
> (2節をとらえる) 大正期に日本の社会が変化していった歴史の中で，特に重要だと考えるできごとや言葉を，下の「キーワードの例」も参考にして，教科書p.220〜225から一つ選ぼう。また，その理由を説明しよう。
> ➡ (例) 社会運動…それまで抑圧されてきた人々が団結して声を上げることで，多くの人々に社会問題への注目や政治への関心を促したから。

3節　恐慌から戦争へ

9　独裁者の出現　世界恐慌とファシズムの台頭 （教p.228〜229）

■アメリカの繁栄と世界恐慌

- 第一次世界大戦中，アメリカ合衆国は，連合国に軍需品や資金を提供し，大きな利益。
- ➡戦後，世界一の経済大国として繁栄。国民の生活も，自動車や大衆文化の発展で豊かに。
- ➡しかし，1929（昭和4）年，ニューヨークの株式市場で株価暴落。景気が急速に悪化。
製品や農産物が売れず，多くの企業や銀行が倒産し，失業者があふれた。
- ➡この不景気は，ヨーロッパをはじめ世界中に広がった。＝世界恐慌

■恐慌への対策

- アメリカでは，1933年，ローズベルト大統領がニューディール（新規まき直し）政策。
- …ダム建設などの公共事業で失業者を助け，労働者の権利保護などの不況対策を実行。
- イギリスは，植民地との貿易を拡大し，他国をしめ出す経済圏（ブロック）をつくった。
- …これはブロック経済といい，フランスも同様の政策。➡自由な貿易が難しくなった。

■ファシズムの台頭

- ドイツでは，恐慌で政治や経済が混乱すると，民主主義を否定し，ドイツ人の優秀性を唱えるナチ党が勢力を伸ばした。
- …ナチ党は，1933年にヒトラーが首相になると，他の政党を解散させ独裁体制に。
- ヒトラーは，国民の言論・思想の自由をうばい，ユダヤ人などを差別したが，軍備の拡張による景気回復で，国民からは大きな支持。
- イタリアでは，大戦後の混乱のなか，1922年からムッソリーニのファシスト党が独裁政権。
- ➡恐慌の影響で経済が行きづまると，エチオピアを侵略して併合した。
- 民主主義や基本的人権を否定し，軍事力で領土を拡大する独裁政治を，ファシズムという。

■ソ連の計画経済

- ソ連では，レーニンの死後，スターリンの独裁。工業化や農業集団化など社会主義政策。
- 1928年に始まる「五か年計画」によって，恐慌の影響は受けなかったが，政策に反対した人々は多数弾圧された。

読み解こう　教p.229

❶（上から）多数決，指導者　❷フランス
❸（例）国家は常に正しく，国民はそれに従わなければならないとする考え方。

教科書 p.229

確認　世界恐慌後の各国の動きを，三つのグループに分けてまとめよう。
➡（例）アメリカは，国内経済を公共事業によって立て直した。イギリスやフランスは，本国と植民地でブロック経済圏をつくった。ソ連は計画経済で世界恐慌の影響を受けなかった。

表現　ファシズムが台頭してきた背景や，ファシズムを人々が支持したわけを説明しよう。
➡（例）大戦後や恐慌の混乱の中で，人々は未来への展望を描けなくなり，強力な指導者に期待したため。

10 日本を襲う不景気 経済と外交の行きづまり

（教p.230〜231）

■経済の混乱

● 第一次世界大戦後からの日本の不景気は，関東大震災もあっていっそう深刻化。

● 1920年代の後半，人々が預金の引き出しに殺到，中小銀行があい次ぎ倒産（金融恐慌）。

● 世界恐慌で，都市では多くの企業が倒産，多くの失業者。農村では農産物が値下がりし，アメリカへの生糸の輸出も減って，特に養蚕農家に大打撃。

● 北海道や東北地方の農村は，冷害で大凶作。

➡ 借金で「娘の身売り」が横行。学校に弁当を持参できない「欠食児童」が社会問題に。

■国民の不満

● 都市では，賃金の切り下げや解雇に反対する労働争議が頻発，農村でも小作争議が激化。

➡ 政府は，治安維持法を改めて最高刑を死刑とし，社会運動の取りしまりを強化した。

● 三井・三菱などの大銀行は，中小銀行を合併し，財閥の中核としてますます大きな力をふるうように。

… 財閥は政治家と強く結びつき，汚職も行われたため，政治や財閥に対して国民の不満。

■中国統一の動き

● 中国では，蔣介石の国民政府軍が，共産党をおさえ各地軍閥を倒し，国内統一を進めた。

… 民族運動を背景に，これまで日本や列強に与えた権益を取りもどそうとした。

● 1927（昭和2）年，国民政府軍が南京で外国領事館を襲撃する事件がおこる。

➡ イギリスとアメリカは武力で報復。一方，協調外交を進める日本は報復せず。

➡ 日本国内では軍部や国家主義団体から，政府の外交を非難する声があがった。

■協調外交の行きづまり

● 国民政府軍が北京に近づくと，日本政府は居留民の保護を理由に，山東省に出兵。

● また，満州（中国の東北部）では，現地の日本軍（関東軍）が，軍閥の指導者の張作霖を爆殺する事件を起こし，満州占領のきっかけにしようとしたが，失敗。

● 日本政府は，不戦条約に調印し，さらにロンドン海軍軍縮条約を結んで，アメリカやイギリスと協調した。

➡ 海軍や国家主義団体が激しく反対。

… 立憲民政党の浜口雄幸首相が狙撃され退陣。協調外交は困難になっていった。

教科書 p.231

確認 経済の混乱によって，日本では，どのような問題が起こったか確かめよう。

➡ （例）都市では企業の倒産，失業者の増加。農村では人身売買，食糧不足。

表現 1930年ごろ，国民の不満や，日本政府への非難が高まったわけを説明しよう。

➡ （例）恐慌にともなう経済の混乱で，国民の生活は苦しくなった一方，国民の代表であるはずの政党政治家は巨大化した財閥と結びついて汚職を引き起こし，政府の協調外交は軍縮を通じて日本の国際的地位をそこなっているように国民には思えたため。

11 満州は日本の生命線 満州事変から国際連盟脱退へ （教p.232〜233）

■満州事変

● 中国が国民政府にほぼ統一されると，日本の権益が集中する満州にも影響。

➡ 国内では「満州は日本の生命線である」として，何としても権益を守る主張が盛んに。

● 1931（昭和6）年9月18日，満州に駐留していた日本軍（関東軍）は，奉天（現在の瀋陽）付近の柳条湖で南満州鉄道の線路を爆破し（柳条湖事件），これを中国側の仕業であるとして攻撃を開始。

➡ 日本政府は，戦線をこれ以上広げないという方針を表明したが，日本軍はこれを無視して軍事行動を拡大し，約半年のうちに満州の大部分を占領した（満州事変）。

➡ さらに日本軍は，清の最後の皇帝だった溥儀を元首とする「満州国」をつくらせ，多数の日本人が政府の要職に就くなど，実権は日本が握った。

… 満州国には，恐慌で生活に苦しむ数十万人の農民が，日本から集団で移住した。

■政党政治の終わり

● 関東軍が満州事変を起こしたと知らない日本国内では，多くの新聞が日本軍の行動を支持し，中国に対する強い姿勢を政府に求める世論が高まった。

● 世界恐慌の影響が広がるなか，政党政治家や財閥の要人が暗殺される事件があい次いだ。

… 1932年5月15日，海軍の青年将校らが首相官邸などを襲い，立憲政友会総裁の犬養毅首相を射殺。＝五・一五事件。これで政党内閣の時代が終わった。

■国際連盟脱退

● 日本は満州国を承認したが，中国は，満州事変は日本の侵略として国際連盟に訴えた。

… 国際社会も，日本軍が満州を次々に占領したため，日本に対して強い不信感。

● 国際連盟は，イギリスなどからなる調査団を現地に派遣，実情を調査。

➡ 調査報告をもとに，1933年2月，「満州での日本の権益は認めるが，満州国は日本がつくらせたもので独立国と認められず，日本軍は占領地から撤兵せよ。」という勧告を可決した。

➡ 日本は勧告を受け入れず，3月に国際連盟の脱退を通告。やがてドイツも脱退。

… 紛争の調停という国際連盟の役割は弱体化。

● その後，日本は，アメリカ・イギリスなどと結んでいた軍縮条約の廃棄を通告し，海軍の軍縮会議からも脱退し，軍備の増強を始めた。

教p.232資料1 〈Q〉
（例）満州国は平和な手段でもって国際的に承認された国であるということ。

教科書 p.233

確認 満州事変の後，日本と国際社会の関係がどのように変化したか確かめよう。

➡（例）国際連盟から脱退して国際的に孤立し，一方でナチ党のドイツと接近して，軍備や他国への侵略を強化した。

表現 国内で，日本軍の行動を支持する世論が高まったのはなぜか話し合おう。

➡（例）国民には，政府は協調外交といいながら欧米に対し弱腰になっているように見え，一方で経済も混乱しており，軍はそれらの状況を打破し，日本の国際的地位を上げてくれるように思えたから。

12 軍部の台頭 軍国主義の高まりと日中戦争　(教p.234〜235)

■経済の回復と摩擦

● 1930年代，円の価値の低下（円安）により，日本の輸出量が激増。また，軍需品の生産と政府の保護によって重化学工業が発達し，新しい財閥が急成長した。

…日本は世界恐慌から回復できたが，ブロック経済をとるイギリスなどと貿易摩擦。

● 軍部の政治や経済への発言力が強まるなか，それまで通説とされていた美濃部達吉の憲法学説が否定され，統治権は天皇にあることが衆議院で確認された。

■軍国主義の高まり

● 1936（昭和11）年2月26日，陸軍将校らが兵士を率いて反乱を起こし，大臣の斎藤実や高橋是清らを殺傷して，一時，東京の中心部を占拠した。＝二・二六事件

…反乱軍は，腐敗した政治家や財閥を倒して天皇中心の国をつくり，国難を脱そうと主張。

➡反乱は軍隊によってすぐに鎮圧。しかしこれ以後，軍部は政治への介入をより強めた。

● 軍国主義が台頭するなか，国際的孤立に直面した日本は，ファシズムを進めるドイツに接近し，共産主義勢力に対抗する理由で，1936年に日独防共協定を結んだ。

■日中戦争の始まり

● 中国では，国民政府と，毛沢東の指導する中国共産党との間で内戦が続いていた。

➡共産党は国民政府に対し，協力して日本に抵抗しようと呼びかけ，1936年に内戦停止。

…中国は，満州から中国北部へ勢力拡大する日本と対立。

● 1937年7月，北京郊外で日中両軍が武力衝突し（盧溝橋事件），日中戦争が始まった。

➡8月に上海で戦闘，宣戦布告せずに日本軍は戦線拡大。

➡12月に占領した首都の南京では，捕虜や住民を巻き込み多数の死傷者を出した。

■長期化する戦争

● 中国では，国民政府が共産党と抗日民族統一戦線を結成すると，首都を漢口，次いで重慶に移し，アメリカ・イギリス・ソ連などの援助を受け日本軍と戦闘。

…その間，ドイツを仲介とする和平の動きがあったが，近衛文麿内閣は自ら交渉を打ち切った。

● 日本軍は重慶を爆撃し，中国各地を占領したが，戦争は長期戦となっていった。

教p.234資料5〈Q〉

（例）議事堂…国会・政治

靴…軍部

教科書 p.235

確認 二・二六事件を起こした反乱軍は，どのような主張をしていたか確かめよう。

➡（例）日本の行きづまりは，政治家や財閥が私利私欲に走り国民をかえりみないためであり，それらを倒して新しい天皇中心の国家をつくる必要があるという主張。

表現 五・一五事件や二・二六事件が起こるなか，日本の政治や外交はどのように変わったか説明しよう。

➡（例）政治に軍部の意向が大きく反映されるようになり，中国との戦線も拡大するなかで欧米とは敵対する関係となった。一方でナチ党のドイツと接近していった。

■国家総動員法の成立

- 戦争が長引き，国の予算の大半が軍事費にあてられるようになり，生活物資も不足。
- 国民は，「国民精神総動員」のかけ声のもと，節約で物資の不足に耐え，戦争に協力しなければならないという風潮が強まっていった。
- 1938（昭和13）年，軍部の要求で，国家総動員法が制定された。
- …政府は，議会の議決を経ずに，戦争遂行に必要な人や物資を動員できるようになった。
- 国民は，軍需品の工場などに動員されたり，生活全体にわたって厳しい統制を受けた。

■強まる戦時体制

- 1939年にヨーロッパで戦争が始まり，ドイツが勝利を重ねた。
- ➡日本でも，ナチ党のような強力な政治体制をつくろうとする動きが活発化。
- ➡近衛内閣のもとで新体制運動が進められ，1940年には，ほとんどの政党や政治団体が解散して，大政翼賛会にまとめられた。
- 大政翼賛会のもとには，さまざまな組織がつくられ，国民が組み込まれた。
- …特に，10戸ほどで構成された隣組は，住民どうしの助け合いを目的とする一方で，政府の意向を一人一人にまで伝えたり，住民を互いに監視させたりする役割を果たした。
- これまでの労働組合は解散させられ，経営者と労働者が戦争遂行のために協力し合うように，大日本産業報国会が結成された。

■国民生活の統制

- 新聞・雑誌・放送・映画なども政府の統制を受け，戦意を高めるために利用された。
- …従軍体験を記録した戦争文学が盛んな一方，戦争や軍部への批判は取りしまられた。
- 小学校は，1941年に国民学校へと改称。軍国主義を支える教育。
- 米をはじめ，木炭・砂糖・衣料などの生活物資が配給制や切符制に。価格も統制。
- 「ぜいたくは敵だ」という標語のもと，高価な洋服や宝飾品の製造・販売は禁止。

■皇民化政策

- 日本政府は，植民地の朝鮮の人々に対し，日本人に同化させる皇民化政策を強めた。
- 日本語の使用や神社への参拝を強制し，日本式の氏名にする創氏改名を推進。
- …同様の政策は，台湾でも実行された。

教科書 p.237

表現 戦時体制の下で，国民の生活がどのように変化したか説明しよう。

➡（例）生活にかかわるあらゆるものが戦争のために国家の統制を受け，個人の自由はなくなった。

3節をとらえる 日中戦争へとむかっていく歴史の中で，特に重要だと考えるできごとや言葉を，下の「キーワードの例」も参考にして，教科書p.228〜237から一つ選ぼう。また，その理由を説明しよう。

➡（例）満州事変…軍が日本政府の意向を無視して軍事行動を拡大したことが，後に軍が日本の政治を握るきっかけとなったから。

4節　第二次世界大戦と日本の敗戦

14　枢軸国と連合国の戦い　第二次世界大戦の始まり　　　（教p.240～241）

■第二次世界大戦の始まり

● 1930年代の後半，ファシズムや軍国主義の国と，民主主義の国との対立が激化。

● 日本・ドイツ・イタリアは，国際協調を否定して国際連盟を脱退し，1937（昭和12）年に三国防共協定を結んだ。➡これらの国は，後に枢軸国とよばれた。

● 1938年，ヒトラー率いるドイツは，オーストリアや，チェコスロバキアの一部を併合。

…ドイツがポーランドの領土の一部まで要求すると，それまでドイツの拡大を認めていたイギリスとフランスは，方針を変えてポーランドの支援を表明。

➡ ドイツは，ソ連と不可侵条約を結び，1939年9月，ポーランドに侵入。

➡ イギリスとフランスはドイツに宣戦し，**第二次世界大戦**が始まった。

■ドイツの侵攻と抵抗運動

● ポーランドを破ったドイツは，北ヨーロッパやオランダを占領，フランスを降伏させる。

● イタリアもドイツについて参戦し，戦場は北アフリカにも拡大。

➡ 枢軸国側は，イギリスをのぞくヨーロッパの大部分を支配するようになった。

● 1941年，ドイツが不可侵条約を破ってソ連に侵攻。独ソ戦が始まった。

● ドイツは占領した国々で，資源や食料をうばったり，住民を強制的に働かせたりした。

　　…特にユダヤ人は敵視し，アウシュビッツなどの強制収容所に集めて数百万人を殺害。

➡ ドイツの支配に対し，フランスなどの占領地では，**レジスタンス**とよばれる抵抗運動。

■大西洋憲章

● ファシズム諸国への対抗のため，1941年8月，中立だったアメリカのローズベルト大統領と，イギリスのチャーチル首相は大西洋上で会談。

…民主主義を守る国際社会の新原則を発表。＝**大西洋憲章**とよばれ，「領土の拡大は行わないこと，領土の変更は住民の自由な意志に基づく場合に限ること，すべての国民は，恐怖や貧困におびやかされずに生きる権利があること」などを定めた。

➡ 大西洋憲章は，枢軸国に反対する国々（連合国）の共通の目的になった。

教科書
p.241

（確認）　第二次世界大戦は，どのようにして始まったか確かめよう。

➡（例）ドイツがポーランドに侵攻し，それに対してイギリスとフランスが宣戦して始まった。

（表現）　枢軸国と連合国のそれぞれのつながりや，両者の対立の関係を，図に表して説明しよう。

➡アメリカ・イギリス・フランス・ソ連・中華民国を連合国とし，ドイツ・イタリア・日本を枢軸国として対立させ，さらに，アメリカとイギリスを「大西洋憲章」で結び，中華民国と日本を「日中戦争」で対立させている図が描けていればよい。

■日本の南進と日米の対立

● 中国との戦争が行きづまったため，日本は，1940（昭和15）年，フランス領インドシナ北部への侵攻を始めた。

… 中国を援助するアメリカやイギリスの補給を断ち，石油やゴムなどの資源を得るため。

● 日本は，アメリカ参戦を避けるため，ドイツ・イタリアと**日独伊三国同盟**を結成。

● アジアから欧米の勢力を除き，アジア民族だけで発展する「大東亜共栄圏」を提唱。

● 1941年には，ソ連と日ソ中立条約を結び，南進を安全に続けられるようにした。

● 日本がインドシナ南部に侵攻すると，アメリカは日本への石油・鉄などの輸出を禁止し，イギリスやオランダも協力して，日本を経済的に孤立させようとした。

➡ 国内では，この「ＡＢＣＤ包囲網」を打ち破るため開戦が必要とする強硬論が高まる。

… 外交で日米交渉が続けられたが，アメリカは，中国や東南アジアからの日本軍の撤兵を求めたため，交渉はまとまらず。

■太平洋戦争の始まり

● 1941年10月，陸軍大臣の東条英機が首相になると，政府は戦争の準備を進め，昭和天皇が臨席する御前会議で開戦を決定した。

➡ 12月8日，陸軍はイギリス領のマレー半島に上陸，海軍はハワイの真珠湾にあるアメリカ軍基地を奇襲攻撃。日本はアメリカ・イギリスに宣戦し，**太平洋戦争**が始まった。

● 開戦してまもなく，日本軍は，東南アジア各地や南太平洋の島々を次々に占領したが，日米間の戦力の差は大きく，1942年にはアメリカの反撃が始まった。

➡ 6月のミッドウェー海戦の敗北を境に，戦況は不利になっていった。

■日本の占領政策

● 長年，欧米の植民地とされてきたアジアの人々は，当初は日本軍に植民地解放を期待。

➡ しかし，占領地では，住民に厳しい労働をさせたり，資源や食料の取り立てが横行。また，占領に反対する住民を弾圧した。

➡ 日本軍に抵抗し，独立を目ざす運動が各地で強まっていった。

教科書
p.243

　確認　日本が，東南アジアにも侵攻した目的を確かめよう。

➡ （例）中国との戦争を決着させるため，中国を支援しているアメリカやイギリスの補給を断ち，同時に東南アジアの資源を確保する目的。

　表現　太平洋戦争が始まったことで，第二次世界大戦はどのような戦いになったか説明しよう。

➡ （例）戦場は広範囲に及ぶようになり，日本は資源や兵器・兵士など，あらゆるものが不足した状態での戦いになった。

■お国のために
●戦況が不利になっても，ほとんどの国民は事実を知らされず，政府にすすんで協力した。
…戦争に批判的・消極的だと「非国民」と非難された。
●徴兵されて出征した兵士たちには，中国や東南アジアの人々を見下すものもおり，軍の命令に従わないなどの理由で現地の人々を処罰することもあった。
●一方で，天皇の軍隊として，捕虜になることは恥であると教えられた兵士たちは，絶望的な戦況下でも戦うことを命じられ，太平洋の島々では，部隊が全滅することもあった。

■戦時下の国民生活
●戦争の激化で，国民の生活はますます苦しくなった。
…軍需品の生産が優先され，政府や軍部の注文を受ける企業は大きな利益をあげた一方，生活物資は欠乏し，十分な量が配給できなくなった。
●農村でも，農具や肥料が足りず，徴兵で働き手が減ったために，食料生産は低下。
●工場や鉱山などでも，徴兵で労働力が不足し，学生が動員された（**勤労動員**）。
●政府は，理科系や教員養成系以外の大学生・専門学校生に対しても徴兵を実施し，多くの学生が戦場に送り出された（**学徒出陣**）。

■国外からの動員
●戦争が総力戦となり，植民地や占領地の人々も，労働力や兵力として動員されるように。
…労働力の不足を補うために，多数の朝鮮人や中国人が日本の鉱山や工場に連れてこられ，低い賃金で厳しい労働を強いられた。
●多くの朝鮮人の女性たちも工場などに送り出された。植民地の人々も「日本軍兵士」として戦場に送られ，戦争末期の朝鮮や台湾では，志願兵制度が改められて徴兵制がしかれた。

■空襲と疎開
●1944（昭和19）年7月，日本を直接爆撃できる距離のサイパン島を，アメリカが占領。
➡東条英機内閣は退陣。これ以後，日本の多くの都市や軍事施設が空襲にさらされた。
…1945年3月10日の東京大空襲は，一夜で約10万人が死亡，約100万人が家を失った。
●空襲の激化により，都市部の小学生は親もとを離れ，農村に集団で疎開（**学童疎開**）。

教科書 p.245

確認 戦争が長期化するなかで，国民や植民地の人々は，どのように戦争に動員されたか確かめよう。
➡（例）学生も徴兵され，子どもたちは工場や農村で労働させられた。植民地の人々も徴兵され，女性は工場などに動員された。

表現 太平洋戦争の開戦前とその後の国民生活で，大きく変化した点は何か説明しよう。
➡（例）生活のすべてが戦争に動員されるようになり，深刻な労働力不足・物資不足におちいった。

17 軍国主義の敗北 第二次世界大戦の終結 （教p.246〜247）

■イタリア・ドイツの降伏

●ヨーロッパでは，1942（昭和17）年の後半から連合国軍の反撃。

…ソ連軍はドイツ軍を破り，アメリカ・イギリス軍も1943年にイタリアを降伏させた。

●1943年に，パリがドイツ軍から解放された。1945年，ヒトラーは自殺し，5月にドイツが降伏して，ヨーロッパでの戦争は終わった。

■戦場となった沖縄

●1945年3月，アメリカ軍が沖縄に上陸。

…中学生や女学生を含む多くの県民が，守備隊に配置され，激しい戦闘に巻き込まれた。アメリカ軍の攻撃のなか，投降をよしとしない日本軍によって集団で「自決」に追い込まれた人々もいた。

➡6月後半に日本軍の組織的な抵抗は終結。その後も散発的な戦闘は9月7日まで続く。

●沖縄戦では，約60万人の県民のうち，死者が12万人に達した。

■原爆投下と日本の降伏

●1945年2月，アメリカ・イギリス・ソ連の首脳が，黒海沿岸のヤルタで会談。

…ソ連の日本に対する参戦，千島列島の領有などを秘密に取り決めた。

●7月に，三国の首脳が再びドイツのポツダムで会談。

…日本の降伏条件を示すポツダム宣言を発表。➡当初，日本はこれを無視。

●アメリカは，戦後の世界でソ連より優位に立つねらいもあり，8月6日に広島に，8月9日に長崎に，新兵器の原子爆弾（原爆）を投下した。

…原爆による死者は，被爆後の死者を含めて，広島が20万人以上，長崎が10万人以上。

●日本は，本土戦準備の一方，ソ連に和平の仲介を求めたが，ソ連はヤルタ会談をもとに，8月8日に日ソ中立条約を破り日本に宣戦。満州や南樺太などに攻め込んだ。

●日本は，8月14日，ポツダム宣言を受け入れて降伏。国民は，翌15日の昭和天皇のラジオ放送で敗戦を知った。

■戦争の傷あと

●戦争は終わったが，中国にいた日本人の中には，飢えなどで亡くなった人や，残留孤児として現地に残された人も多数。

●満州などで降伏した約60万人の日本兵が，ソ連軍によってシベリアに送られ，強制労働などで5万人以上が死亡（シベリア抑留）。

●この大戦での死者は，日本人が約310万人，アジアでは2000万人以上，世界では約6000万人に達したといわれる。

教科書
p.247

表現 第二次世界大戦がどのように終結したか，年表にまとめて説明しよう。

➡ （例）

1943年9月	イタリア降伏
1944年7月9日	アメリカ，サイパン島を占領
1945年2月	ヤルタ会談
3月10日	東京大空襲
3月26日	アメリカ，沖縄に上陸
5月	ドイツ降伏
6月23日	沖縄で組織的抵抗が終結
7月	ポツダム会談
8月6日	広島に原爆投下
8月8日	ソ連，日本に宣戦布告
8月9日	長崎に原爆投下
8月14日	日本，ポツダム宣言を受諾し降伏
8月15日	玉音放送

4節をとらえる 第二次世界大戦が，日本と世界に多くの犠牲を出した歴史の中で，特に重要だと考えるできごとや言葉を，下の「キーワードの例」も参考にして，教科書p.240〜247から一つ選ぼう。また，その理由を説明しよう。

➡ （例）枢軸国・連合国…枢軸国は，ファシズムや軍国主義でもって大衆を戦争に動員し，戦争の被害を一般市民にまで大きく広げたから。

1 Ⓐ二十一か条　Ⓑ普通選挙　Ⓒ大衆　Ⓓロシア　Ⓔ恐慌　Ⓕ満州　Ⓖファシズム　Ⓗ国家総動員
Ⓘ皇民　Ⓙポツダム

2 原敬（はらたかし）…本格的政党内閣の成立　　平塚（ひらつか）らいてう（ちょう）…社会運動の高まり
小林多喜二（こばやしたきじ）…プロレタリア文学　　レーニン…ロシア革命，ソビエト政府
蒋介石（しょうかいせき）（チャンチェシー）…日中戦争，抗日民族統一戦線
ガンディー…インドの独立運動　　犬養毅（いぬかいつよし）…第一次護憲運動，五・一五事件
東条英機（とうじょうひでき）…太平洋戦争　　ローズベルト…ニューディール政策，大西洋憲章
ヒトラー…ファシズムの台頭，ナチ党，日独伊三国同盟，独ソ戦，ドイツの降伏
毛沢東（もうたくとう）（マオツォトン）…日中戦争，抗日民族統一戦線

3 a…④　b…⑧　c…①　d…②　e…③　f…⑥　g…⑦　h…⑤

4 ①左…（上から）男，25歳以上，3円以上
　　右…（上から）男，25歳以上，なし
②（例）普通選挙法が成立するまでは，有権者の全人口に占める割合は数％だったが，成立後は約
　2割にまで増加した。その後，戦後に女性にも選挙権が与えられると有権者は全人口の約5割と
　なり，近年は未成年の人口に占める割合が少なくなったこともあり，8割以上に増加している。
③（例）普通選挙法の実施で，納税額が多くない人にも選挙権が与えられた。

5 ①【第一次世界大戦】参戦国…三国同盟側（ドイツ，イタリア，オーストリアなど），三国協商側
　（イギリス，フランス，ロシアなど。日本も含まれる）　　主な戦場…ヨーロッパ，アフリカ，
　アジア　　戦いの様子…（例）飛行機や武装した自動車で戦っている。
　【第二次世界大戦】参戦国…枢軸国側（ドイツ，イタリア，日本），連合国側（イギリス，ソ連，
　アメリカなど）　　主な戦場…ヨーロッパ，アフリカ，アジア，太平洋地域　　戦いの様子…
　（例）核兵器を用いて非戦闘員を大量・無差別に攻撃している。
②【第一次世界大戦】…（例）日本では大戦景気となり，産業が大きく成長した。
　【第二次世界大戦】…（例）日本では生活のすべてが戦争に動員され，食料・物資の欠乏で暮ら
　しは非常に苦しかった。また，空襲などで，生活そのものが脅かされた。
③（例）戦闘が起こる地域が世界中に広がり，強力な兵器が登場するようになったため，死傷者の
　数が多くなった。また，飛行機による空襲で，非戦闘員の死傷者が増えた。
　これらの戦争によって，軍需産業などの工業は，非常に発達した。また，新聞などは戦争を賛美
　し，国民に戦争への協力を呼び掛ける一方，戦争に反対する思想・芸術などは弾圧された。

6 （省略）

▌時代の変化に注目しよう！

❶学童疎開
❷（例）思い…空襲の恐怖や，学童疎開のような寂しい暮らしから解放され，友人といっしょに学校で
学べるようになってよかった。　　生活…戦時体制での農作業や工場労働から解放されて，学業や遊
び，家のための手伝いに専念することができるようになった。

1節　日本の民主化と冷戦

現代の暮らしと社会 （教p.254〜255）

（Q1）（例）焼け野原から次第に建物が増え，やがて大きなビルが建ち並ぶようになった。

（Q2）（例）1945年は，食べ物に困るほど貧しい暮らし。1950年は，都市活動は活発化したが，まだまだいろいろなものが不足する暮らし。1967年は，物質的には豊かだが，人間が過密で忙しい暮らし。

（Q3）（例）復興をとげて，経済的に大変豊かになったのではないか。

1 敗戦からの再出発　日本占領と国民生活 （教p.256〜257）

■連合国軍の日本占領

● 1945（昭和20）年8月末，日本は，アメリカ軍を主力とする連合国軍に占領された。
● 日本の主権は，本州・北海道・九州・四国と周辺の島々に限られた。
…そこでは，マッカーサーを最高司令官とする**連合国軍最高司令官総司令部（GHQ）** の指令に基づき日本政府が政治を行う，間接統治がとられた。
● 一方で，沖縄や奄美群島，小笠原諸島は，アメリカ軍の直接統治。
● 南樺太や千島列島などは，ソ連軍によって占領された。

■民主化政策の始まり

● GHQの政策は，ポツダム宣言に基づき，軍国主義の排除と民主主義の推進が基本方針。
…軍隊は解散。戦争責任者を**極東国際軍事裁判**で処罰。戦争中に重要な地位にあった人々は公職から追放された。
● 昭和天皇は，自分は神の子孫ではないとする「人間宣言」を発表した。
● 治安維持法などの圧政的な制度は廃止され，政治活動の自由が認められた。
● 女性参政権が認められ，満20歳以上の男女には選挙権が与えられた。
● 戦時中に解散していた政党の活動も再開，日本社会党や日本自由党が結成され，日本共産党も再建された。
● 労働者の団結を認めた**労働組合法**が制定され，のちに労働条件の最低基準を定めた**労働基準法**も制定された。
● 差別の撤廃を目ざす運動では，全国水平社の伝統を引き継いで，部落解放運動が再建され，アイヌの人たちの社会的地位の向上を目ざす北海道アイヌ協会が再び組織された。

■戦後の国民生活

● 戦争が終わり，人々には自由と平和になった解放感が広がるが，生活は苦しかった。
● 空襲で住宅や工場は破壊され，街には失業者，兵士，引きあげ者，戦災孤児があふれた。
● 農村は，戦争への動員で労働力を失って生産力が低下。

- 食料や物資が不足し，物価が急上昇。
- 政府が指定した公定価格によらずに品物を売買する闇市が広がり，都市の人々は，食料を求めて農村に買い出しに行った。

教科書 p.257

（確認）日本の主権や民主化について，戦時中のポツダム宣言の条文（←教科書p.246）とどのように対応するか確かめよう。

➡（例）第6条…軍隊の解散，公職追放など　第8条…日本の主権を主要四島のみに制限したこと，沖縄・奄美・小笠原のアメリカ統治，南樺太や千島列島のソ連占領など　第10条…極東国際軍事裁判，政党の活動再開，労働者の権利拡張など

（表現）戦後の国民生活はどのようなものであったか説明しよう。

➡（例）食料や物資が不足し，大変苦しいものだった。

2　平和国家を目ざして　日本国憲法の公布と諸改革　(教p.258〜259)

■日本国憲法

- 憲法の改正…連合国軍最高司令官総司令部（GHQ）は，日本政府に憲法の改正を指示。
➡政府の改正案は大日本帝国憲法の一部を修正しただけだった。
- GHQは，民間の憲法研究会案などを参考にした草案を作って政府に示し，政府はこれをもとに新たな改正案を作成した。
- 議会での審議と修正を経て，1946（昭和21）年11月3日，**日本国憲法**として公布され，1947年5月3日から施行された。
- 日本国憲法は，**国民主権・基本的人権の尊重・平和主義（戦争の放棄）**の三原則。
- 天皇は，日本国および国民統合の象徴。
- 国民を代表する国会が国権の最高機関。
- 内閣が国会に対して責任を負う議院内閣制を採用。

■憲法に基づく法律の整備

- 新憲法に基づき，多くの法律が制定・改正された。
- 新たに地方自治法が定められ，市町村長や都道府県知事も住民の直接選挙となった。
- 明治時代につくられた民法は改正され，「家」の制度が改革された。
- …夫と妻が同等の権利をもつようになり，財産の相続も男女平等に。
- 教育でも，GHQによる軍国主義の排除と民主化が推進された。
- …1947年に，民主主義教育の基本を示した**教育基本法**が制定され，教育勅語は失効。
- 学校制度は，義務教育が小学校と中学校の9年に延長。高等学校・大学までの年限は6・3・3・4制となり，男女共学が原則となった。

■財閥解体と農地改革

●経済では，軍国主義を支えたとして，財閥と地主制が解体された。
●三井・三菱・住友・安田などの財閥は解体され，その下の企業は独立（**財閥解体**）。
●農村では，**農地改革**が行われ，地主と小作人の関係が根本から改められた。
…村に住んでいない地主のすべての耕地と，村に住む地主の約1ha（北海道では4ha）をこえる耕地は，国が買い上げて小作人に安く売り渡した。
➡これによって自作農が大幅に増え，地主が農村を支配する力はおとろえた。

教科書 p.259

【確認】 戦後の社会のしくみは，戦前とどのように変わったか，法・教育・経済の項目ごとに確かめよう。

➡（例）法…憲法が変わり，それに即して法律はさまざまに新しくなった。　教育…民主主義教育を進めるため，教育基本法ができ，教育勅語は失効した。学校制度も大きく変わった。　経済…財閥は解体させられ，農地改革で地主と小作人の関係が改められた。

【表現】 戦後の日本では，どのような国づくりが目ざされたか説明しよう。

➡（例）従来の軍国主義を否定し，民主主義に基づいた国づくり。

3　冷たい戦争の始まり 米ソの対立とアジア・アフリカ　（教p.260〜261）

■国際連合の設立と米ソの対立

●1945（昭和20）年10月，二度の世界大戦の反省に立ち，国際平和を維持するため，連合国51か国の調印によって**国際連合**（国連）が発足。
…安全保障理事会が設けられ，アメリカ，イギリス，フランス，ソ連，中国が常任理事国となった。
●しかし，東ヨーロッパに影響力を強めるソ連に対抗して，アメリカが西ヨーロッパを支援。
➡世界は，アメリカ中心の資本主義陣営（西側）と，ソ連中心の社会主義陣営（東側）に分かれて厳しく対立。
…この対立は，両大国が直接戦火を交えないので，**冷たい戦争**（冷戦）とよばれた。
●1949年，両陣営の対立から，ドイツは東西に分断され，二つの国が成立。
●西側は1949年に北大西洋条約機構（NATO），東側は1955年にワルシャワ条約機構という軍事同盟を結成。
●1950年代になると，米ソ両国は競って水素爆弾の実験を行うなど，核兵器をふくむ軍備の拡張を進めた。＝核兵器を用いた世界大戦の危機に直面。

■新しい中国と朝鮮戦争

- 冷戦の影響はアジアにもおよんだ。
- 中国では，国民政府と共産党との内戦の結果，共産党が勝利。
- ➡ 1949年に毛沢東を主席とする**中華人民共和国**が成立。一方の国民政府は台湾へ。
- 朝鮮は，日本の植民地支配から解放されたが，北緯38度線を境に，南をアメリカ，北をソ連に占領された。
- ➡ 1948年，南に**大韓民国**（韓国），北に**朝鮮民主主義人民共和国**（北朝鮮）が樹立。
- …国家の正当性を互いに主張して対立。
- 1950年，ソ連の支援を受けた北朝鮮は，朝鮮の統一を目ざして韓国に侵攻。
- ＝**朝鮮戦争**が始まった。
- 国連は，ソ連が欠席のまま，アメリカ軍を中心とする国連軍を派遣し，韓国を支援。
- ➡ その後，中国の義勇軍が参戦して北朝鮮を支援。
- …大きな被害をもたらした戦争となり，1953年に休戦。

■アジア・アフリカの動き

- アジアでは，大戦中に独立運動の気運が高まり，大戦後はフィリピン，インドなど独立。
- インドネシア，ベトナムなどでは独立戦争。
- 1955年，アジアやアフリカの29か国の代表が，インドネシアのバンドンに集まり，**アジア・アフリカ会議**を開催。
- …民族独立と平和共存を柱とする平和10原則が決議された。
- アフリカでは，1960年に17の国が独立し，この年は「アフリカの年」とよばれた。
- …経済的に安定しない国も多く，紛争や飢餓などの問題が残された。

教科書 p.261

（確認） 大戦後にアジアで成立した国を確かめよう。

➡ （例）1945～49年の間…大韓民国，朝鮮民主主義人民共和国，ベトナム民主共和国（現ベトナム北部），フィリピン，インドネシア，ビルマ（現ミャンマー），インド，パキスタン（現バングラデシュ含む），セイロン（現スリランカ），シリア，ヨルダン，イスラエル

（表現） 冷戦に注目して，大戦後の国際関係について説明しよう。

➡ （例）アメリカを中心とする西側とソ連を中心とする東側に分かれ，世界を分けた対立に発展した。特に，ドイツや朝鮮半島などは，互いの勢力圏によって分断されてしまい，もとは同じ国の人々がお互い対立することになった。また，植民地各地では独立の機運が高まり，植民地が次々と独立した。

4　独立の回復　国際社会への復帰　　(教p.262～263)

■占領政策の転換

- 冷戦激化を背景に，アメリカは日本に，アジアの共産主義に対抗する役割を求めた。

…GHQの占領政策は，非軍事化・民主化よりも経済の復興と自立を重視する方向に転換。

➡政府は，労働運動を制限し，財政の引きしめや増税の政策をとった。

●1950（昭和25）年に朝鮮戦争が始まり，在日アメリカ軍の多くが出兵。

➡日本の治安を維持するために，GHQの指令により，警察予備隊が新設された。

➡警察予備隊はやがて，保安隊を経て1954年に自衛隊となった。

●朝鮮戦争では，アメリカが日本本土や沖縄の基地を利用し，大量の軍需品を日本に注文。

➡日本の経済は，この特需（特殊需要）景気により活気づき，戦後の復興が早まった。

■独立の回復と国際社会への復帰

●東アジアでの日本の役割を重んじたアメリカは，日本との講和を急いだ。

…国内では，すべての国と平和条約を結ぶか，一部の国と早期に講和を結ぶか大きな議論。

●1951年9月，アメリカで講和会議が開かれ，吉田茂内閣は西側諸国48か国とサンフランシスコ平和条約を結んだ。連合国軍の占領が終わり，日本は独立国として主権回復。

…沖縄や奄美群島，小笠原諸島は，引き続きアメリカの統治下におかれた。

●平和条約と同時に，アメリカと日米安全保障条約（安保条約）を結び，日本の安全と東アジアの平和を守るという理由で，国内に米軍基地（施設・区域）が残された。

●のちに日本は，平和条約に参加しなかった国々との国交の回復につとめ，ソ連とは，1956年に日ソ共同宣言に調印し，北方領土問題が未解決のまま，国交を回復。

➡1956年，日本は国際連合に加盟。

■長期政権の成立

●国内では，憲法改正などで，自由党などの保守勢力と社会党などの革新勢力が対立。

…1955年に，分裂していた社会党が統一すると，保守政党も，自由党と日本民主党が合同して自由民主党（自民党）を結成。

➡その後，政権与党（自民党）と，野党（社会党など）が対立する政治が，1990年代まで続いた（55年体制）。

●1954年，太平洋上でのアメリカの水爆実験で，第五福竜丸などの漁船が被ばく。

➡国内で原水爆禁止運動が広がり，1955年，最初の原水爆禁止世界大会が広島で開催。

教科書 p.263

表現 独立を回復し，国際社会に復帰した日本に残された課題について説明しよう。

➡（例）アメリカとは基地駐留について，ソ連とは北方領土について，中国や朝鮮半島・アジアの国々とは戦争の賠償についての課題などが残された。

1節をとらえる 日本が民主化し，国際社会に復帰した歴史の中で，特に重要だと考えるできごとや言葉を，下の「キーワードの例」も参考にして，教科書p.256～263から一つ選ぼう。また，その理由を説明しよう。

➡（例）冷戦…日本はアメリカ中心の西側陣営の一員として経済発展し，一方で，日ソ共同宣言を結んで国際連合に加盟するなど，冷戦の対立の中で独自の役割を演じることで国際的な存在感を増していったから。

2節　世界の多極化と日本

5　自主・独立・平和を求めて　1960〜70年代の世界　(教p.264〜265)

■ベトナム戦争と東南アジア

- 第二次世界大戦後，ベトナムではフランスからの独立戦争があり，1954年に休戦協定。
- ➡ ソ連や中国が支援するベトナム民主共和国（北ベトナム）と，アメリカが支援するベトナム共和国（南ベトナム）が成立。
- 南ベトナムでは，ベトナムの統一と独立を求める南ベトナム解放民族戦線が結成され，ソ連・中国や北ベトナムの支援を受けて，政府と対立した。
- 共産主義の拡大を恐れたアメリカは，1965（昭和40）年から北ベトナムへの爆撃と軍隊の派遣を行い，激しい戦争になった（ベトナム戦争）。
- …日本政府はアメリカを支持し，沖縄の米軍基地からは北ベトナムへ爆撃機が出撃。
- 戦争が泥沼化すると，反戦運動が世界に広がり，アメリカは内外から批判を浴びた。
- 軍事費増大にも苦しむアメリカは，中国との関係改善を図り，1973年ベトナムから撤退。
- ➡ 1976年に南北ベトナムは統一され，ベトナム社会主義共和国が成立。
- この後も，東南アジアでは，中国とベトナムの戦争や，カンボジアの内戦などが続く。
- …一方，1967年に発足した東南アジア諸国連合（ASEAN）などで，地域の発展をめざす。

■ECの発足とプラハの春

- 西ヨーロッパでは，経済協力を強めて米ソに対する発言力を高める動き。1967年に人・物・資本の移動の自由化と市場統合を目ざす，ヨーロッパ共同体（EC）が発足。
- 米ソ両大国への対抗は，東ヨーロッパの社会主義諸国でも起こった。
- …大戦直後のユーゴスラビア，1950年代のポーランド，ハンガリーなどで民主化の動き。
- ➡ 1968年のチェコスロバキアでは，大勢の人々が自主と自由を求めた（プラハの春）。
- ➡ ソ連は，軍隊を送って弾圧。世界の批判を浴びた。

■中東の紛争と石油戦略

- 大戦後，国連の決議により，中東のパレスチナにユダヤ人国家のイスラエルが建国。
- …アラブ諸国は認めず，1948年にイスラエルと戦争（第一次中東戦争）。
- ➡ 戦争に勝ったイスラエルは独立を確保，アラブ系パレスチナ人は土地を追われ難民化。
- パレスチナ難民は，パレスチナ解放機構（PLO）をつくり抵抗。何度も武力衝突。
- …パレスチナ問題は，その後も中東での紛争の要因となった。
- 1973年に第四次中東戦争が起こると，石油を産出するアラブ諸国は，イスラエルを支持する国に対し，原油の値上げや輸出停止を実行。世界経済に大きな影響を与えた。
- その後，1990年代にイスラエルとPLOは，イスラエル占領地でのパレスチナ人の暫定自治を認める協定を結んだが，暴力の応酬は依然として続いている。

確認 ベトナム戦争と日本との関わりについて確かめよう。

→（例）北ベトナムへ向かう爆撃機は，当時アメリカの統治下にあった沖縄にある米軍基地から離着陸した。

表現 1960〜70年代に世界で起こった動きを，地図に表して説明しよう。

→（例）（ベトナム…ベトナム戦争　カンボジア…内戦　チェコ…プラハの春　中東地域…第三次・第四次中東戦争　キューバ…キューバ危機）

---

6 国際関係の変化 安保改定と国交正常化 （教p.266〜267）

■安保改定と反対運動

- 日本政府は，1960（昭和35）年に新しい日米安全保障条約を締結。

…新条約では，アメリカ軍は引き続き日本に駐留し，日本の領域内で，日本・アメリカのどちらかが攻撃を受けたときは，両国は共同行動をとること，また相互の防衛力を強化することなどが決められた。

- 国民の間からは，日本がアメリカの軍事行動に巻き込まれる危険があるとして反対の声があがった。

…衆議院で多数を占める自由民主党が採決を強行したため，議会制民主主義を守ろうとする気運が高まり，国会を取り巻く大規模な反対運動が起こった。

- 新安保条約は，参議院の承認を経ずに自然成立。岸信介内閣は批准書を交換して総辞職。
- ベトナム反戦運動が世界に広がると，日本でも，ベトナム戦争や，1970年の安保条約の自動延長などに反対する市民や学生の運動が起こった。

■韓国・中国との国交正常化

- 1965年，日本は韓国と日韓基本条約を結び，韓国を朝鮮半島の唯一の合法的政府と認め，経済協力を推進。

…一方で，北朝鮮との国交は，今も開かれず。

- 1972年，アメリカ大統領の中国訪問に続き，日本の田中角栄首相が中国を訪問。日中共同声明に調印して国交を正常化。

…日本政府は，戦争で中国国民に重大な損害を与えたことに深い反省を表明し，中華人民共和国政府が中国を代表する政府であることを認めた。

➡1978年，日中平和友好条約が結ばれた。

■沖縄の本土復帰

- 沖縄では，サンフランシスコ平和条約の締結後も，アメリカによる統治が続いた。

…1960年の沖縄県祖国復帰協議会結成など，住民による復帰運動は続けられた。

➡アメリカがベトナム戦争で沖縄の基地を活用すると，復帰運動と反戦運動が結びついて

高まった。

- 佐藤栄作首相は，アメリカと沖縄返還協定を結び，1972年5月，沖縄の本土復帰が実現。
- …沖縄返還に際して，核兵器を「持たず，つくらず，持ち込ませず」という非核三原則が衆議院で決議され，国の方針として定められた。
- しかし，沖縄の米軍基地は，安保条約上の施設・区域として残され，一部は自衛隊の基地となった。
- …現在も，日本における米軍基地の約70％が沖縄に集中し，県民の生活や自然環境に大きな影響を与え続けている。
- 基地に関わる事故や事件の問題もあり，基地の縮小を求める活動が続けられている。

教科書 p.267

確認 沖縄はどのようにして本土復帰したか，また，復帰後にどのような課題が残されたか確かめよう。

➡ （例）アメリカの統治に反対する住民運動を経て，1972年5月に本土復帰した。しかし，復帰後も米軍の基地は残り，県民の生活や自然環境に影響を与え続け，米兵が起こす事件や事故なども問題視されているなどの課題が残されている。

表現 1960〜70年代の日本と，アメリカ・韓国・中国との関係を図に表して説明しよう。

➡ （例）資本主義陣営の囲みの中に，日本を中心に，日本と日韓基本条約で結ばれている韓国，日本と日米安全保障条約で結ばれているアメリカが描かれ，さらに資本主義陣営の囲みの外に中国があり，日本とは日中平和友好条約で結ばれ，アメリカから大統領訪問の矢印が描けていればよい。

7　高度経済成長の光とかげ　豊かな国民生活と公害 （教p.270〜271）

■日本経済の高度成長

- 日本経済は，1950年代半ばに戦前の水準まで回復。「もはや戦後ではない」とも。
- ➡その後1970年代初めまで経済は急成長を続け，**高度経済成長**とよばれた。
- 1960（昭和35）年，池田勇人内閣が所得倍増を政策にかかげ，政府も経済成長を促進。
- 技術革新も進み，重化学工業への投資も増え，各地の臨海工業地帯にコンビナート建設。
- 1964年開催の東京オリンピック以後は，輸出が好調で貿易収支が黒字を続け，1968年の国民総生産（GNP）は，アメリカに次ぎ資本主義世界で第2位になった。

■国民生活の変化

- 人々の収入は増え，テレビ・電気洗濯機・冷蔵庫などの家庭電化製品や自動車などが普及し，大量生産・大量消費の社会になっていった。
- 新幹線や高速道路の開通も進んで，暮らしは快適で便利になり，休日などに余暇を楽しむ余裕も生まれた。
- …一方で，農村から都会に働きに出る人が増え，専業農家は急減。
- 大都市では人口集中による過密化，農村や山村では人口流出による過疎化が社会問題。

■公害の発生

- ●高度経済成長期，工場や自動車などから有害物質が排出され，環境破壊が深刻化。
- ➡大気汚染や水質汚濁など人々の生命や健康がおびやかされる**公害**の問題が各地で発生。
- …特に，水俣病・四日市ぜんそく・イタイイタイ病・新潟水俣病の被害は深刻。
- ●騒音や廃棄物汚染の問題も起こり，公害反対の住民運動は全国に広がった。
- ➡1967年に公害対策基本法が制定，1971年には環境庁（現在の環境省）が発足。

■石油危機と貿易摩擦

- ●1973年，第四次中東戦争が起こると，石油価格が上がって先進国の経済は大きな打撃。
- ＝石油危機
- ➡世界的な不況になり，輸入原油に頼っていた日本の高度経済成長も終わった。
- ●しかし，日本は省エネルギー技術の開発や企業の合理化で，不況を乗り切った。
- …産業は，鉄鋼・造船・石油化学にかわって，自動車・精密機械・コンピュータ関連産業 などが発達し，輸出が増えて貿易収支は黒字を続け，経済大国といわれるように。
- ●日本の輸出超過によってアメリカと貿易摩擦。
- …1970年代の繊維製品の規制に始まり，1980年代になると，自動車・半導体などの輸出の 規制をめぐって激しくなった。

教科書 p.271

確認 石油危機は，日本にどのような変化をもたらしたか確かめよう。

➡（例）不況が訪れて高度経済成長が終わったが，産業の転換がもたらされ，自動車・精密機 械・コンピュータ関連産業が発展し，輸出額が増えた。

表現 高度経済成長がもたらしたものを，光の面とかげの面に分けて説明しよう。

➡（例）光の面…国民の暮らしが豊かになった。 かげの面…公害などの環境破壊で苦しむ人々 が増えた。

---

8 わが家にテレビがやってきた マスメディアの発達と戦後の文化 （教p.272〜273）

■戦後復興期の文化

- ●戦後，GHQは占領政策の範囲で言論の自由を認め，新聞・雑誌・書籍の出版が盛んに。
- ●占領の影響で，ジャズ音楽やハリウッド映画などのアメリカ文化が広まった。
- ●娯楽や文化は戦争中の統制を解かれ，「リンゴの唄」などの明るいメロディが流行。
- ●海外で日本が高く評価される…黒澤明などの映画。1949年（昭和24）年に，物理学者の 湯川秀樹が日本人として初めてノーベル賞を受賞。

■テレビの普及と文化の大衆化

● 戦後も，戦前から普及していたラジオと映画が大衆の娯楽の中心。

➡ 1953年にテレビ放送が始まると，高度経済成長期にテレビが急速に普及した。

● テレビによって，芸能やスポーツが家庭で楽しめるように。

…歌手の美空ひばり，プロ野球の長嶋茂雄や王貞治，大相撲の大鵬，プロレスの力道山が人気を集めた。

● 中継技術が発達すると，世界のできごとも早く伝わるようになった。

● テレビの企業広告（CM）は，人々の消費意欲をかき立て，大量消費社会を支えた。

● 新聞・ラジオ・テレビなどのマスメディアを通じて，全国の人々が同じ情報に接することで生活文化の均質化が進み，自分の生活は人並みと考える「中流意識」が広がった。

● 多様な雑誌や書籍が出版され，社会のかげの部分を推理小説に書いた松本清張や，人物を中心とする歴史小説を書いた司馬遼太郎が，幅広い読者を獲得。

● 川端康成や大江健三郎は，優れた純文学の作品を著してノーベル賞を受賞。

● 子どもたちは，週刊の漫画誌やテレビのアニメ番組を楽しみにしていた。

…ストーリー性の高い漫画を生み出した手塚治虫は，国産アニメの制作にも尽力し，1963年に『鉄腕アトム』がテレビで放送された。手塚の後には，藤子不二雄らが続いた。

● 絵画や彫刻で活躍した岡本太郎は，日本万国博覧会のシンボル「太陽の塔」を制作。

■経済成長と文化財保護

● 1947年，戦時中に発見された登呂遺跡が発掘調査され，弥生時代の集落や水田を発掘。

…しかし，戦後復興や経済成長で開発が優先され，多くの遺跡が調査されずに破壊された。

➡ 1949年に法隆寺金堂の壁画が焼損。これをきっかけに，翌年，文化財保護法が制定。

● 平城宮跡などの各地に保存された遺跡は，現在に歴史を伝えている。

教科書 p.273

表現 マスメディアは，人々の生活や文化にどのような影響を与えたか説明しよう。

➡（例）全国の人々が同じ情報に接することで生活文化の均質化が進み，人々に自分の生活の程度は人並みと考える「中流意識」が広がった。

2節をとらえる 冷戦下，日本の外交関係や経済が変化した歴史の中で，特に重要だと考えるできごとや言葉を，下の「キーワードの例」も参考にして，教科書p.264〜273から一つ選ぼう。また，その理由を説明しよう。

➡（例）高度経済成長…国民が豊かになったことで，日本が先進国の仲間入りを果たし，世界で発言力をもてるようになったため。

3節　冷戦の終結とこれからの日本

9　民主化のうねりと国際社会の変化　冷戦終結後の世界　(教p.276〜277)

■冷戦の終結

- 1980年代の後半以降，40年以上続いた，米ソを中心とする国際関係は急速に変化。
- 西側諸国では，フィリピンや韓国で市民運動によって独裁体制からの民主化が進んだ。
- 東側諸国では，東ヨーロッパで民主化が進み，1989（平成元）年に共産主義政権が次々と崩壊。冷戦の象徴だったドイツの「ベルリンの壁」が壊され，米ソ首脳が冷戦終結を宣言した。
- ➡1990年，東西ドイツが統一された。
- 東側諸国の中心だったソ連は，アフガニスタンへの侵攻や国内の政治・経済の改革に失敗し，1991年，ロシア連邦などの各共和国の独立によって解体した。
- …一方，アメリカは，冷戦後の唯一の超大国として，世界に大きな影響を与えた。

■グローバル化の進展とEUの結成

- 冷戦後，人・物・資本が国境を越えて移動し，各地が地球規模で相互に関係し合うグローバル化が進んだ。
- 1975年に始まった先進国首脳会議（サミット）は，国際的な課題の調整を図る役割。
- 経済競争が激しくなると，国の枠を超えて協力する地域統合の動きも高まった。
- …ヨーロッパでは，1993年，ECがヨーロッパ連合（EU）に発展，経済の統合に加え，共通の外交・防衛政策を目ざす政治の統合を進めている。
- EU内の多くの国では，共通の通貨ユーロを導入し，域内の国境検査を撤廃した。
- ➡EUはアメリカに並ぶ巨大な経済圏になったが，一方で，移民労働者や難民の増加に対する不満や排斥の動きがある。

■地域紛争とテロ事件

- 世界の政治や経済に影響力をもつ中東で，1990年にイラクがクウェートに侵攻。
- ➡翌年，国連の決議に基づき，アメリカを主力とする多国籍軍がイラクを攻撃し，クウェートを解放した（湾岸戦争）。
- 2001年，アメリカで同時多発テロ事件が起こり，「対テロ戦争」を宣言したアメリカは，犯行組織をかくまっているとしてアフガニスタンを攻撃。
- 2003年，アメリカは大量破壊兵器の保有を理由にイラクを攻撃，政権を崩壊させた（イラク戦争）。
- ➡しかし，アメリカ軍に対する抵抗や混乱が続き，2011年，アメリカはイラクから撤退。
- 一方で，アラブ諸国では，2010年から民主化の動きが高まった。
- ➡リビアなどで独裁政権が倒れたが，シリアでは内戦となり，大量の難民が発生。

● 国連は，紛争の平和的解決のための**国連平和維持活動（PKO）**を，世界各国で展開。

…日本は1992年に，初めて自衛隊が参加した。

● イスラエルとパレスチナの紛争のように，深刻な地域紛争が，現在も各地で続いている。

教科書 p.277

確認 冷戦はどのように終結したか，東側諸国の変化に着目して確かめよう。

➡ （例）ソ連の影響下にあった東側諸国で，共産党政権が次々と崩壊し，さらに東西ドイツを隔てていた「ベルリンの壁」が壊され，米ソ首脳が会談し宣言したことで冷戦は終結した。

表現 冷戦終結の前と後で，国際関係がどのように変わったか，「対立・協調」の用語を使って説明しよう。

➡ （例）冷戦終結の前は，世界は東西陣営に分かれて対立していた。冷戦終結の後は，世界は協調の方向に進むかに思えたが，地域的な紛争が次々と発生し，また唯一の超大国となったアメリカは，中東でたびたび戦争を起こし，中東地域が混乱する一因となっている。

---

10 泡のようにふくらむ経済 バブル経済と55年体制の崩壊 （教p.278〜279）

■バブル経済とその影響

● 石油危機後の日本は，安定成長を続けた。

➡ しかし，1985（昭和60）年に急激な円高が始まると，輸出が減少。

…銀行の資金援助を受けた企業が土地や株式を買い集め，地価や株価が上がって異常な好景気になった（**バブル経済**）。

● 日本企業は海外投資も進め，アジアや北米など，世界各地に工場を移転。国内では，経済の中心が製造業からサービス産業へと移った。

● 1990年代初めにバブル経済が崩壊し，長い不況に入る。銀行や企業の倒産が相次いだ。

● 1989年に昭和天皇が亡くなり，元号は平成と改められた。

■55年体制の崩壊

● 1955年から続く自民党の長期政権は，政治の安定や経済成長をもたらした一方，財政再建や政治改革は進まず，政治家・官僚・企業の汚職も問題化していた。

➡ 1993年，自民党・共産党を除く党派が，細川護熙を首相とする連立内閣をつくり，55年体制は終わった。

● その後，自民党は連立を組んで再び政権につき，企業活動の規制緩和や郵政事業の民営化など，国際競争力を高める政策を推進。

…一方で，地域経済の衰退は進み，経済・情報・文化などで都市と地方の格差が拡大。資産をもつ人ともたない人との格差も広がり，年金問題の不安も広がった。

■アジアの成長と課題

- 貿易や金融の自由化など，世界経済のグローバル化はさらに進んだ。
- 1995年，国際的な貿易の規則を定める世界貿易機関（WTO）が結成された。
- 中国や韓国，東南アジア諸国などは，先進国の投資で輸出を増やし，経済が急速に成長。
- …これらの国々に日本やオーストラリアなどを加えた，アジア太平洋経済協力（APEC）も始まり，経済の協力関係が強まった。
- 中国は，1970年代後半から改革・開放政策をかかげ，社会主義体制のもとで市場経済の導入を進めた。
- ➡中国はその後も経済成長を続け，2010年，国内総生産は世界第2位になり，経済力と軍事力で国際的な影響力を強めている。
- 経済協力が強まる一方，東アジアにはさまざまな課題がある。
- …韓国・北朝鮮，中国・台湾の分断は，冷戦後も続き，北朝鮮による核兵器開発や，多数の日本人を拉致した問題も解決されていない。
- 日本と近隣諸国との間には，領土をめぐる課題もあり，解決が探られている。

教科書 p.279

確認　バブル経済の前後で，経済にどのような動きがあったか確かめよう。

➡（例）1985年から急激な円高に見舞われ，輸出産業を中心に経済は打撃を受けるが，銀行から資金援助を受けた企業が，土地や株式を買い漁りバブル経済が起こった。バブル経済の崩壊後は，日本は長い不況に入った。

表現　アジアの経済は，どのように変化してきたか説明しよう。

➡（例）日本の中心産業が製造業からサービス産業へ移るころ，中国や韓国，東南アジアの国々は，安い労働力を武器に，工業製品の製造・輸出で自国の経済を大きく発展させた。

---

11 私たちの生きる時代へ　21世紀の日本　　(教p.280〜281)

■世界金融危機と新しい政治の動き

- 2008年，アメリカの証券会社の破産から世界金融危機が発生。日本経済にも衝撃。
- 2009年に政権交代。鳩山由紀夫を首相とする民主党連立政権が成立。
- ➡しかし，民主党政権は，沖縄の米軍基地移設問題や東日本大震災への対応などで迷走し，2012年の総選挙で，政権は再び自民党に戻り，安倍晋三内閣が成立した。
- 安倍内閣は経済成長政策を進める一方，社会保障費をまかなうため，消費税率を上げた。
- …それでも，赤字が拡大してきた財政の健全化には，長い時間がかかると予想される。
- また，安全保障に関する情報の漏えいを防止する特定秘密保護法や，集団的自衛権の行使を認める安全保障法制を成立させた。

■災害と向き合う

- 1995年1月，兵庫県南部を中心に死者6400人をこえる大地震。＝阪神・淡路大震災
- 同年3月には，宗教団体によって東京の地下鉄に猛毒のサリンがまかれる事件。
- 2011年3月，東北地方太平洋沖地震（東日本大震災）が発生，地震と津波により，死者・行方不明者が2万2000人以上になる戦後最大の被害。
- …震災の際，福島第一原子力発電所で深刻な事故が発生，大量の放射性物質が漏れた。
- ➡この事故で避難を強いられ，現在も帰還できない人が多数いる。エネルギー政策に課題。
- その後も，熊本・大分や北海道など各地で大きな地震，西日本では集中豪雨。
- …地域の復興と，今後の災害対策が求められている。

■インターネットの普及と文化

- 1990年代，パソコンやインターネットが普及すると，世界中で瞬時に，文字・音声・画像などの情報をやり取りできるようになった。
- ➡さらに，携帯電話やスマートフォンが普及した近年では，ソーシャルメディアの利用が広まり，日本でも世界でも，人々の生活は大きく変わりつつある。
- 現代日本の文化も，広く世界に発信され，影響を与えるようになった。
- …村上春樹の小説は世界各国で翻訳され，マンガやアニメ，ゲームなどのポップカルチャーは海外でも人気。宮崎駿などのアニメ作品は国際的に高い評価を得ている。

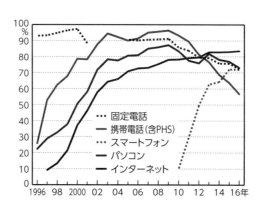

▲日本でのインターネットと情報通信機器の
普及率の推移（総務省「情報通信白書」）

教科書
p.281

確認 近年の日本で起こった自然災害について確かめよう。

➡（例）1995年の兵庫県南部の地震（阪神・淡路大震災）。2011年の東北地方太平洋沖地震（東日本大震災）。2016年の熊本・大分県中部地震。2018年の西日本豪雨や北海道胆振東部地震。など

表現 インターネットの普及が，人々の生活に与えた影響について説明しよう。

➡（例）世界中の人と，文字・音声・画像などの情報を瞬時にやり取りできるようになり，情報の入手に地理的差異がなくなってきた。

■社会の変化の中で

● 現在，グローバル化や情報化の進展で，国・地域は相互依存し，世界は一体化している。
● 多国籍企業の活動の活発化や，物流や情報通信機器の発達で，生活・文化は大きく変化。
● 日常生活は，インターネットが普及し，情報は一瞬で国境を越える。
● 日本は，第二次世界大戦後，世界有数の経済大国に発展。また，平和と豊かさを背景に
　発展した現代日本の文化は，世界からも高く評価され，多くの観光客が日本を訪れる。
…日本でも，メディアや旅行などを通じて，世界の多様な文化に対する関心が広がる。
● 日本では1950年代に出生率が急激に低下し，2010年代から総人口の減少が始まった。
…現在の日本は，世界で最も少子高齢化が進んだ社会。
● 人口減少が進む中でも，日本に住む外国人は増えており，さまざまな人々が暮らしやす
　い社会にしていくことが求められている。

■平和を築くために

● 差別への反対や，人権と民主主義が求められてきたが，現代日本でも差別や偏見は残る。
● 部落差別の撤廃…国や地方自治体の責務であるとともに，国民の課題でもある。
● アイヌの人たちや在日外国人，外国人労働者への差別や偏見をなくすことも課題。
● 女性や子ども，性的少数者（LGBTなど），障がいのある人々や高齢者などの人権を尊
　重し，保障される社会をつくる努力が必要。
➡ 世界の多様な人々の人権や文化を守るために，積極的な役割を果たすことが大切。
● 地球規模での環境も，多くの課題を抱えている。
● 先進工業国と発展途上国の格差の広がりとも関わって，オゾン層の破壊，酸性雨，砂漠
　化，熱帯雨林の減少，二酸化炭素等による地球温暖化などが深刻化。
…環境問題は，国際的な対策が必要。日本も公害対策などの経験や技術で世界に貢献。
● 日本は，第二次世界大戦を最後に，これまで直接的な戦争をしなかった。
…戦争被爆国の経験や，非核三原則から，世界の核廃絶に向けた取り組みが期待される。
● 日本国憲法の平和主義にのっとり，世界の平和と，平等なつながりのための行動が必要。

教科書
p.283

表現 未来をひらくために，自分たちにできることを話し合おう。
➡ （例）歴史から教訓や知恵を得て，世界の平和や人々の平等なつながりを求めて行動すること。
3節をとらえる グローバル化が進み，日本の経済が発展した歴史の中で，特に重要だと考える
できごとや言葉を，下の「キーワードの例」も参考にして，教科書p.276～283から一つ選ぼう。
また，その理由を説明しよう。
➡ （例）冷戦の終結…第二次世界大戦後，日本は冷戦構造の下で輸出産業を中心として経済発展
したが，冷戦終結とともに，中国をはじめとする新興工業国の台頭で輸出産業中心の経済が立ち
行かなくなり，不景気に突入したため。

1　Ⓐ日本国憲法　Ⓑ朝鮮　Ⓒ国際連合　Ⓓ高度経済　Ⓔ反戦　Ⓕ石油　Ⓖバブル　Ⓗ冷戦
　　Ⓘ55年体制　Ⓙ紛争

2　マッカーサー…連合国軍の日本占領，民主化政策，占領政策の転換，自衛隊の発足
　　毛沢東…中華人民共和国の成立
　　マオツォトン
　　吉田茂…サンフランシスコ平和条約，日米安全保障条約
　　よし だ しげる
　　佐藤栄作…非核三原則の決議，沖縄の本土復帰
　　さ とうえいさく
　　田中角栄…日中共同声明
　　た なかかくえい

3　a…⑤　b…④　c…⑦　d…⑥　e…⑧　f…③　g…①　h…②

4　大日本帝国憲法…（上から）天皇，元首，貴族・衆議，衆議院，天皇を助けること，天皇
　　日本国憲法…（上から）国民，統合の象徴，参議・衆議，参議院・衆議院，
　　行政機関や国会に対して責任を負うこと，もたない

5　（省略）

6　（省略）

▌時代の変化に注目しよう！

❶国際連盟。（例）アメリカが加盟せず，大国の足並みをそろえることができなかったため。

❷（例）国際問題に対し，武力ではなく，話し合いで解決するというメッセージ。

教育出版・中学社会　歴史